Die Deutsche Bibliothek – CIP-Einheitsaufnahme

Feulner, Barbara:
Entdecker / Barbara Feulner.
Ill. von Andreas Piel.
1. Aufl. – Bindlach: Loewe, 1993
(Frag mich was; Bd. 13)
ISBN 3-7855-2527-3

FRAG MICH WAS – Band 13

ISBN 3-7855-2527-3 – 1. Auflage 1993
© 1993 by Loewes Verlag, Bindlach
Umschlagillustration: Andreas Piel
Umschlagtypographie: Karin Roder
Satz: Voro, Rödental

FRAG MICH WAS

Entdecker

Von Barbara Feulner

Illustriert von Andreas Piel

Loewe

Inhalt

Die Erde zur Zeit der ersten Entdeckungen
- 8 Was ist die bekannteste Entdeckung aller Zeiten?
- 9 War Kolumbus der erste Entdecker?
- 10 Wann begann die Entdeckung der Erde?
- 10 Waren die Urmenschen schon richtige Entdecker?
- 11 Welche Vorstellung von der Welt hatte man früher?
- 11 Galt die Erde als Scheibe oder als Kugel?
- 12 Wer zeichnete die erste Weltkarte?

Frühe Fahrt: die Entdecker des Altertums
- 14 Seit wann gibt es richtige Entdeckungsfahrten?
- 15 Wo lag das geheimnisvolle Land Punt?
- 15 Was suchte die Königin Hatschepsut in Punt?
- 17 Wer umsegelte Afrika?
- 18 Warum segelte Hanno nach Westafrika?
- 18 Wo traf Hanno auf Gorillas?
- 20 Warum forschten die Griechen im Norden?
- 20 Warum umsegelte Pytheas Britannien?
- 21 Wie kam Pytheas nach Norwegen?
- 21 Wo fand Pytheas den Bernstein?
- 23 War Alexander der Große ein Entdecker?
- 23 Fand Alexander die Quellen des Nils?
- 24 Auf welchem Weg kehrte Alexander zurück?

Die vergessenen Fahrten der Wikinger
- 26 Wann war das Mittelalter?
- 26 Woher kamen die gefürchteten Wikinger?
- 27 Wie wurde Island besiedelt?
- 28 Warum ließen sich die Wikinger in Grönland nieder?
- 29 Entdeckten die Wikinger sogar Amerika?
- 30 Wer betrat als erster den Boden Amerikas?
- 32 Bis wann lebten Wikinger in Amerika?

Die Weltreisenden des Mittelalters
- 33 Was suchten Händler aus Venedig bei den Mongolen?
- 33 Wie kam Marco Polo als Siebzehnjähriger nach China?
- 34 Was erlebte Marco Polo in China?
- 35 Welche Stadt hatte fünf Millionen Einwohner?
- 36 Wie kehrte Marco Polo nach Venedig zurück?
- 37 Woher kennen wir die Abenteuer Marco Polos?
- 38 Wie begann die Weltreise des Ibn Battuta?
- 39 Welche Länder lernte Ibn Battuta kennen?
- 40 Wie bezahlte Ibn Battuta seine Reisen?
- 40 Wie lange war Ibn Battuta unterwegs?

Das Zeitalter der großen Entdeckungen

41 Warum wurde innerhalb kurzer Zeit die ganze Welt entdeckt?
43 Wohin fuhr Kolumbus, bevor er nach Westen segelte?
43 Was erlebte Kolumbus auf Madeira?
44 Wer bezahlte die Fahrten von Kolumbus?
44 Wie lange sah Kolumbus kein Land?
44 Wo war Kolumbus gelandet?
46 Wie oft fuhr Kolumbus in die Neue Welt?
48 Nach wem wurde Amerika benannt?
48 Warum suchte man überhaupt einen Seeweg nach Indien?
49 Wer erreichte als erster die Südspitze Afrikas?
50 Wie kam Vasco da Gama nach Indien?
52 Was erlebten die Portugiesen in Indien?
53 Wann kehrte da Gama nach Europa zurück?
53 Warum nahm Vasco da Gama den weiten Weg um Afrika?

Durch die endlosen Weiten der Ozeane

54 Wurde der Pazifische Ozean „zu Fuß" entdeckt?
56 Wer war der erste Weltumsegler?
56 Wie war Magellans Plan?
56 Was sind Patagonier?
58 Wie fand Magellan den Pazifik?
60 Wie lange sahen die Spanier kein Land?
61 Kehrte Magellan im Triumph nach Europa zurück?
61 Wann betrat der erste Europäer Australien?
61 Wer ist der Erforscher der Südsee?
62 Warum durchkreuzte James Cook den Pazifik?
62 Welche Routen befuhr James Cook?
64 Wie weit fuhr Cook nach Süden?
65 War Cook der erste Europäer auf Hawaii?
66 Wie endete Cooks letzte Fahrt?

Das geheimnisvolle Innere der Kontinente

68 Waren die neu entdeckten Kontinente unbewohnt?
69 Warum wurde Nordamerika am schnellsten besiedelt?
69 Wie wurde das Inkareich unterworfen?
70 Warum blieb Afrika so lange unerforscht?
71 Wie wollte Livingstone den Afrikanern helfen?
72 War Livingstones zweite Reise ein Erfolg?
73 Wurde Livingstone von Sklavenhändlern gerettet?
74 Wer fand die Quellen des Nils?

Aufbruch ins ewige Eis

76 Ist es schwierig, an den Polen zu überleben?
77 Gibt es Seewege nördlich der Kontinente?
77 Wer war der erste Mensch am Nordpol?
79 Kann man sich auf dem Eis zum Nordpol treiben lassen?
79 Wer wollte im Ballon zum Pol fliegen?
81 Wer gewann den Wettlauf zum Südpol?
82 Wie endete die Expedition von Scott?

Entdeckungen von heute und morgen

85 Ist die Welt schon ganz entdeckt?
85 Kennen wir die Tiefen der Ozeane?
86 Gibt es woanders bewohnte Planeten?
87 Was können wir zu Hause entdecken?

90 Register

Die Erde zur Zeit der ersten Entdeckungen

Was ist die bekannteste Entdeckung aller Zeiten?

Gespannt starrte der Matrose hoch oben im Ausguck des Schiffes nach Westen. Nur zu gerne hätte er sich den Preis gesichert, den sein Kapitän *Christoph Kolumbus* für die erste Landsichtung ausgesetzt hatte. Seit fünf Wochen segelten sie nun schon über die Weiten des Ozeans, getrieben von den ständigen Ostwinden. Und alle Versprechungen, sie würden nach kurzer Fahrt auf die Küsten *Indiens* stoßen, hatten sich als falsch erwiesen.

Auch Kolumbus konnte an diesem Abend des 11. Oktober 1492 keinen Schlaf finden. Nachdenklich spähte er nach Westen. Hatte er sich verrechnet?

Der Mann im Ausguck war Rodrigo de Triana. Er sichtete als erster von der Pinta aus Land.

Kolumbus (kleines Bild) entdeckte am 12. Oktober 1492 die Bahama-Insel San Salvador.

War ihm schlichtweg ein großer Irrtum unterlaufen, als er glaubte, das im Osten liegende Indien zu erreichen, indem er nach Westen segelte? Schon murrte die Mannschaft. Eine offene Meuterei schien nur noch eine Frage der Zeit zu sein.

„Tierra! Tierra!" brüllte da der Mann im Ausguck von oben herunter. „Land!" Nun sahen es auch Kolumbus und die anderen: Nur wenige Seemeilen voraus war klar und deutlich die weißschimmernde Fläche eines Sandstrandes im Mondlicht zu erkennen. Kolumbus ließ die Segel streichen und wartete auf das Morgengrauen. Bei Tagesanbruch glaubten alle, das Ziel der langen, entbehrungsreichen Fahrt erreicht zu haben: eine palmenbewachsene Insel vor der Küste Indiens.

Bis an sein Lebensende war Kolumbus der Meinung, den Seeweg nach Indien gefunden zu haben. In Wirklichkeit hat er jedoch vor 500 Jahren nur einige Inseln entdeckt, die dem amerikanischen Kontinent vorgelagert sind.

War Kolumbus der erste Entdecker?

Christoph Kolumbus hat die berühmteste aller Entdeckungen gemacht. Er fand das, was noch bedeutender war als der Seeweg nach Indien: einen neuen Kontinent, der später Amerika genannt wurde. Und wenig später, nach der ersten Weltumsegelung, war tatsächlich bewiesen, daß die Erde eine Kugel ist und keine Scheibe, wie bislang vermutet worden war. Die Entdeckung des Christoph Kolumbus steht am Anfang eines neuen Zeitalters in der Geschichte der Menschheit.

Kolumbus war aber nicht der erste Entdecker. Vielleicht machte er noch nicht einmal die wichtigste Entdeckung. Schon vor Kolumbus erkundeten die Menschen unbekannte Länder und Meere. Genau betrachtet, ist die Geschichte der Menschheit vom Beginn bis in die heutige Zeit eine Geschichte der Entdeckungen. Selbst die Urmenschen machten auf ihre Weise „Entdeckungen", als sie sich über die ganze Erde ausbreiteten.

Wann begann die Entdeckung der Erde?

Bezogen auf das Alter der Erde ist die Menschheit noch ganz jung. Erst vor einigen tausend Jahren begann der Mensch die Erde zu entdecken und zu erforschen.

Die Forscher sind sicher, daß alle heutigen Menschen von gemeinsamen Vorfahren in *Ostafrika* abstammen. Hier waren wohl die Voraussetzungen für ihre Entwicklung am günstigsten.

Die ersten Menschen lebten als Jäger und Sammler. Sie waren den ganzen Tag auf der Suche nach Eßbarem. Jedes kleine Tier, Würmer, Raupen und natürlich auch einige Pflanzen, Wurzeln und Beeren dienten als Nahrung. Es ist leicht zu verstehen, daß bei dieser Lebensweise nur wenige Menschen in einem bestimmten Gebiet leben konnten. Wurden es zu viele Bewohner, fanden sie einfach nicht genug zu essen. Einige von ihnen zogen dann weiter in noch unbewohnte Gebiete.

Waren die Urmenschen schon richtige Entdecker?

Die Menschen von damals als Entdecker zu bezeichnen ist wohl nicht richtig. Sie waren vielmehr Jäger und Sammler, die ständig auf der Suche nach neuem Lebensraum waren. Auch legten nicht einzelne Menschen die riesigen Entfernungen von einem Kontinent zum nächsten zurück. Diese Wanderungen dauerten sehr lange. Sie wurden nur notgedrungen und nicht aus purer Entdeckerlaune unternommen. Den Menschen war gar nicht bewußt, aus welcher Gegend ihre Ahnen stammten.

Erst viel später zogen Menschen in der Absicht aus, neues Land zu entdecken oder einen neuen Weg in ein bekanntes Land zu finden. Sie versuchten, in ihre Heimat zurückzukehren, um dort von ihrer Entdeckung zu berichten. Sie taten dies im Bewußtsein, etwas sehr Wichtiges für sich und die anderen Menschen entdeckt zu haben.

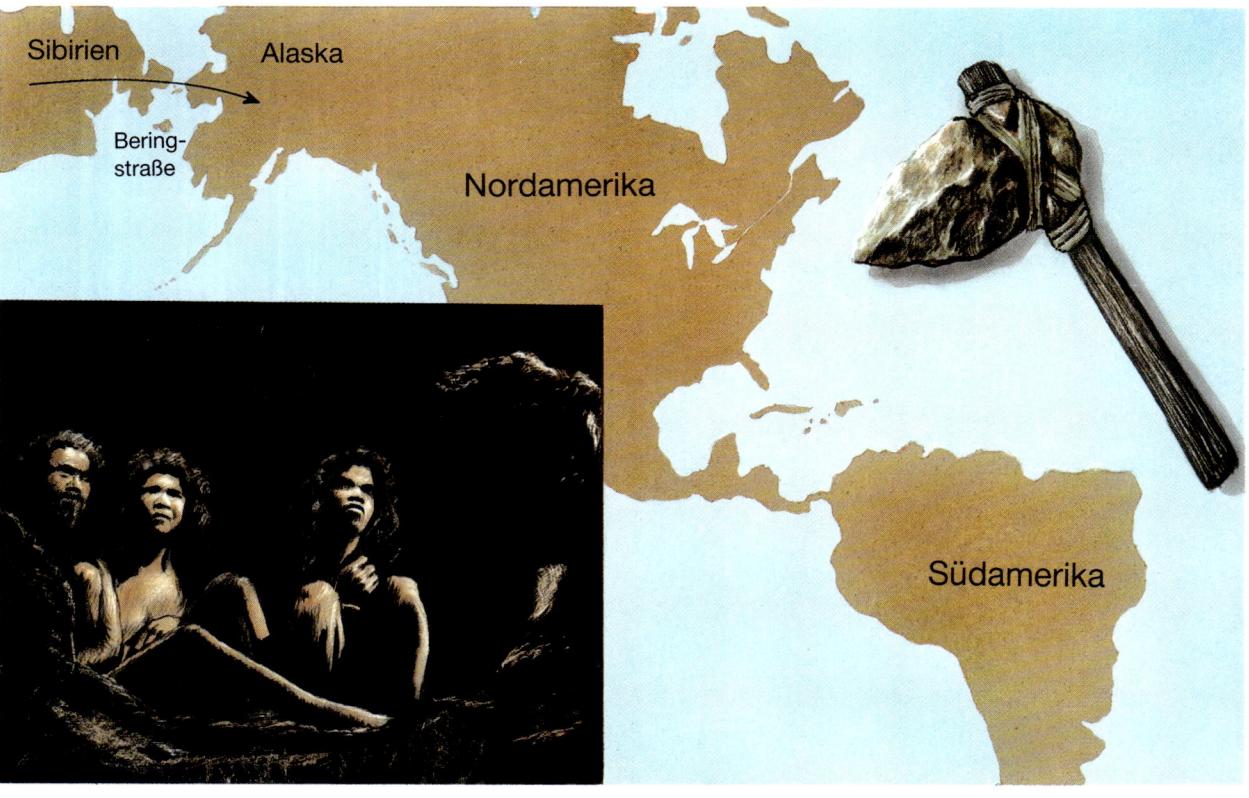

Die ersten Menschen waren Jäger und Sammler. Sie lebten vorwiegend in Höhlen (kleines Bild). Während der Steinzeit wanderten große Bevölkerungsgruppen von Sibirien über die Beringstraße nach Alaska. So begann die Besiedelung des amerikanischen Doppelkontinents.

Der Geograph Hekataios gravierte um 500 v. Chr. diese Weltkarte in eine Kupferscheibe.

Welche Vorstellung von der Welt hatte man früher?

In alter Zeit war das Weltbild der Griechen bestimmend. Die erste Darstellung der Erde stammt von *Homer*, einem griechischen Dichter, der vor 2700 Jahren lebte. Vom Vorhandensein *Amerikas* und *Australiens* hatte er natürlich noch keine Ahnung. So waren in der antiken Vorstellung nur *Europa*, *Asien* und *Afrika* vorhanden. Der Mittelmeerraum war damals schon sehr gut erforscht. Die Küstenlinien und Länder wurden ziemlich naturgetreu abgebildet. Europas Norden war den Griechen dagegen unbekannt.

Von Asien war der ganze *Nahe Osten* (heute *Türkei*, *Syrien*, *Libanon*, *Israel*, *Jordanien*, *Irak* und *Iran*) bekannt. Die Menschen wußten auch, daß Asien hier noch nicht zu Ende war und irgendwo weit im Osten geheimnisvolle indische Königreiche lagen. Über die wahre Größe dieses riesigen Kontinents waren sie sich jedoch nicht im klaren. Ähnlich verhielt es sich mit Afrika. Über Ägypten und die gesamte Nordküste, ja sogar über die riesige Wüste *Sahara* und das Land *Äthiopien* (sprich: Ätjopijen) im Osten des Kontinents wußte man recht gut Bescheid. Den Süden Afrikas kannten die alten Griechen aber noch nicht.

Galt die Erde als Scheibe oder als Kugel?

Von diesen drei Kontinenten – Europa, Asien und Afrika – glaubten die Menschen lange Zeit, sie würden mitten im Ozean auf einer riesigen, runden Scheibe schwimmen. Das Mittelmeer befand sich, wie der Name schon sagt, in der Mitte dieser Scheibe. Die Menschen befürchteten, von der „Erdscheibe" zu fallen, wenn sie sich zu weit aufs Meer hinauswagten.

Jedoch gab es auch vor über 2000 Jahren Gelehrte, die sich die Erde als Kugel vorstellten. *Eratosthenes* war ein Grieche, der in der ägyptischen Hafenstadt *Alexandria* seine Forschungen betrieb. Er errechnete sogar die Größe der Erdkugel. Etwa 800 Kilometer südlich von Alexandria gab es einen tiefen Brunnen. Eratosthenes stellte fest, daß die Sonne am längsten Tag des Jahres genau senkrecht in den Brunnen schien. Die Sonne stand im *Zenit*; es gibt dann keine Schatten. In

Rekonstruktion des ersten Globus der Geschichte, der 180 v. Chr. von Krates in Pergamon angefertigt wurde. Neben den bekannten Kontinenten (Europa, Asien, Afrika) vermutete man schon damals drei weitere.

Alexandria, soviel wußte der Wissenschaftler, stand die Sonne am selben Tag nicht im Zenit; es gab kurze Schatten. Aus dieser Abweichung berechnete Eratosthenes den Winkel der Sonneneinstrahlung und daraus wiederum den Erdumfang. Sein Ergebnis: 40 300 Kilometer. Tatsächlich hat die Erde einen Umfang von 40 075 Kilometer.

Wer zeichnete die erste Weltkarte?

Etwa 400 Jahre später lebte in Alexandria ein weiterer griechischer Forscher mit Namen *Ptolemäus*. Er faßte die bis dahin bekannten Länder in einer Weltkarte zusammen. Sie war in einzelnen Teilen schon sehr genau. Auch Arabien und Indien waren jetzt schon lagerichtig eingezeich-

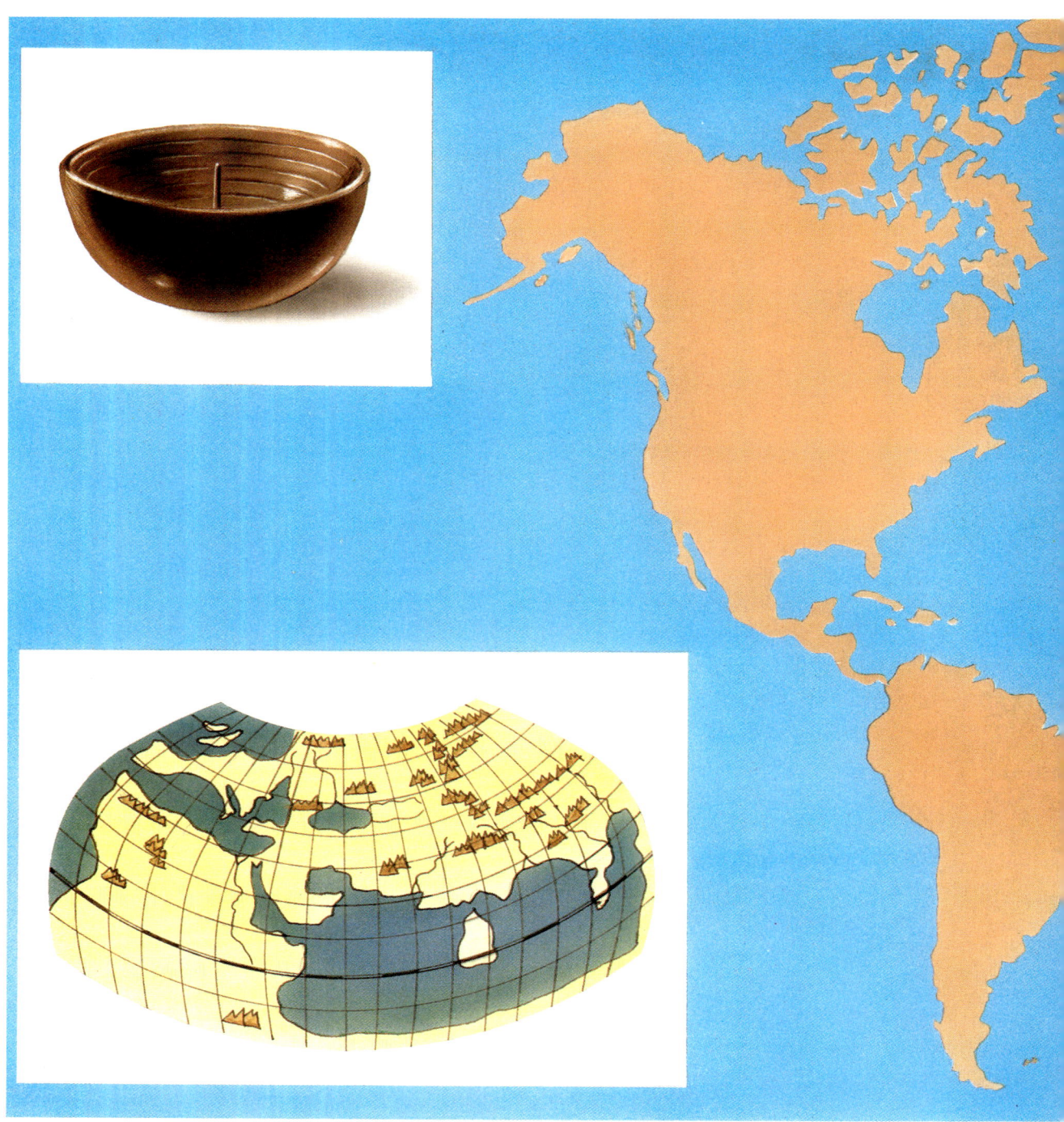

net. Ptolemäus glaubte jedoch, daß Indien und Afrika an der Südspitze verbunden wären. Ganz richtig war das Weltbild des Ptolemäus also nicht – auch wenn man bedenkt, daß Amerika fehlte. Doch die Karte enthielt bereits Längen- und Breitengrade wie unsere heutigen Weltkarten.

Dieses Wissen war sehr beachtlich, wenn man bedenkt, daß es nur bescheidene Hilfsmittel und natürlich nicht unsere heutigen Meßgeräte gab. Leider sind die Kenntnisse von antiken Gelehrten wie Eratosthenes und Ptolemäus schon sehr bald wieder verlorengegangen. Im finsteren Mittelalter riskierten Wissenschaftler sogar ihr Leben, wenn sie nur behaupteten, daß die Erde eine Kugel sei.

Großes Bild: Eine Weltkarte der Gegenwart mit dem Ausschnitt, der zur Zeit des Ptolemäus bekannt war.

Kleines Bild oben: Ein Scaphium, eine Art Sonnenuhr, mit der Eratosthenes seine Breitengradberechnungen durchführte.

Kleines Bild unten: Die Weltkarte des Ptolemäus. Sie enthält allerdings einen großen Fehler. Da Ptolemäus dem Bericht Herodots über die Umseglung Afrikas durch die Phöniker nicht glaubte, machte er aus dem Indischen Ozean ein Binnenmeer.

Frühe Fahrt:
die Entdecker des Altertums

Seit wann gibt es richtige Entdeckungsfahrten?

Die Frühmenschen suchten sich ihre Nahrung als Jäger und Sammler. Im Laufe der Zeit lernten sie, Vieh zu züchten und Getreide anzubauen. Sie wurden seßhaft. Von da an mußten sie keine größeren Wanderungen mehr unternehmen. Doch in den Menschen erwachte nun der Wunsch nach Dingen, die sie nicht selber herstellen konnten – etwa Waffen aus Feuerstein, besondere Nahrungsmittel oder Schmuck. So gingen einzelne von ihnen wieder auf die Wanderschaft. Sie wurden Händler. Kostbarkeiten der damaligen Zeit waren Feuerstein, Salz, Gewürze und Bernstein.

Die ersten echten Entdeckungsfahrten, die uns überliefert sind, gingen von Ägypten aus. Sie dienten dem Handel und der Beschaffung von Rohstoffen. Schon vor ungefähr 7000 Jahren fuhren ägyptische Schiffe über das Mittelmeer, um Holz zu holen. In Ägypten gab es keine Wälder, aber Holz brauchte man zum

Rekonstruktion (Nachbau) eines ägyptischen Segelschiffes (ca. 2500 v. Chr.)

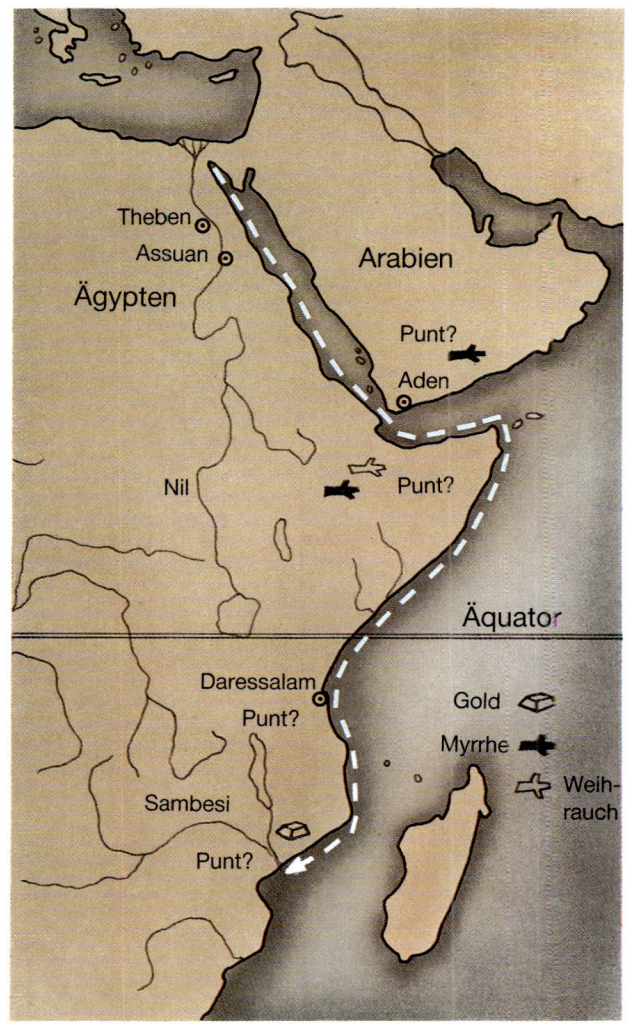

Weiße Linie: Weg der ägyptischen Punt-Expedition vor ca. 5000 Jahren. Wo Punt genau lag, ist unbekannt.

Bauen. Vor 5000 Jahren führten die Ägypter schließlich die erste Expedition nach *Punt* durch. Dort holten sie Weihrauch und Gold.

Wo lag das geheimnisvolle Land Punt? Die Lage des rätselhaften Goldlandes Punt war lange Zeit unklar. Nur der Zufall brachte die Wissenschaftler auf eine Spur. Im Grab einer Prinzessin, die etwa 2300 v. Chr. gestorben war, fand man eine Schminkdose. Diese Dose enthielt noch Schminke, in der ein Stoff war, den es damals in Ägypten nicht gab, nämlich *Antimon*. Dieses seltene graue Metall holten Händler tief aus dem Süden Afrikas, vom Fluß *Sambesi* im heutigen Staat *Simbabwe*. Lag vielleicht hier das Land Punt, wo sich die Ägypter auch andere Rohstoffe beschafften?

Man konnte sich zunächst kaum vorstellen, daß die Ägypter schon zu dieser Zeit so weit im Süden waren. Doch eine Grabinschrift bewies es dann: Ein Seemann namens *Knemhotep* soll sogar elfmal in Punt gewesen sein. Immer ist er wohlbehalten nach Hause zurückgekehrt. Er starb zur gleichen Zeit wie die Prinzessin. Die Schminkdose und die Grabinschrift bezeugen also, daß die Ägypter schon vor langer Zeit Hunderte Kilometer weit mit ihren Schiffen über das Meer fuhren.

Was suchte die Königin Hatschepsut in Punt? *Hatschepsut* war vor 3500 Jahren Königin von Ägypten. Sie regierte ihr Land etwa dreißig Jahre lang. Über ihre Herrschaft berichten Inschriften und Wandbilder an einem Tempel, den sie errichten ließ. Hatschepsut wollte auch in diesem prunkvollen Bau begraben werden.

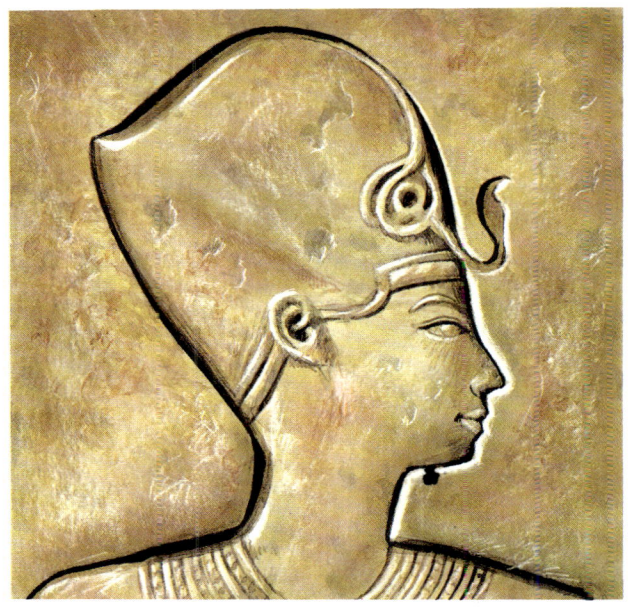

Bildnis der Königin Hatschepsut

Der Tempel hatte viele Terrassen mit künstlichen Gärten. Hier sollten *Myrrhen* wachsen. Diese Bäume und Sträucher, aus denen auch ein beliebtes Räucherharz gewonnen wurde, gab es allerdings in Ägypten nicht. Hatschepsut erinnerte sich nun an alte Berichte über Fahrten ins Land Punt. Dort sollte es nicht nur Myrrhenbäume geben, sondern auch Weihrauch, wertvolle Hölzer sowie Edelsteine und Gold.

Die Königin rüstete fünf Schiffe aus, die auf Expeditionsfahrt in das fast vergessene Land geschickt wurden. Und obwohl Punt auf dieser Fahrt nur wiederentdeckt wurde, gilt sie doch als die erste große Forschungs- und Entdeckungsfahrt der Geschichte. Die Schiffe kehrten schließlich reich beladen zurück. Sie brachten Gold, Silber, Elfenbein, Ebenholz und sogar Panther und Paviane mit nach Ägypten. Natürlich waren unter den Schätzen auch die Myrrhen, die sich Hatschepsut so sehr gewünscht hatte. Und da es über diese Punt-Fahrt einen recht ausführlichen schriftlichen Bericht gibt, wissen wir, daß sie genau im Jahr 1493 v. Chr. durchgeführt wurde.

Dieses Relief aus Deir-el-Bahri erzählt von der Expedition der Königin Hatschepsut nach Punt. Deutlich ist zu sehen, wie die Ägypter Myrrhebäume aufgeladen haben und transportieren.

Ein Schiff aus der Expedition des Pharao Necho

Wer umsegelte Afrika? Wohl die bis dahin größte seefahrerische Leistung war die Umsegelung Afrikas um 600 v. Chr. Der Name des Kapitäns ist leider nicht überliefert, jedoch sein Auftraggeber: Es war der Pharao *Necho*, der ehrgeizige und mächtige Herrscher über Ägypten. Necho glaubte, daß Afrika, bis auf ein kleines Stück im Nordosten, ganz von Wasser umgeben sei. Deshalb gab er seinem Kapitän den Befehl zu erforschen, ob diese Vermutung richtig ist. Für die damalige Zeit war eine solche Fahrt ein ungeheures Wagnis. Necho ordnete an, die Schiffe sollten vom Roten Meer aus immer entlang der Küste nach Süden fahren. Nach der Umrundung Afrikas sollten sie durch das Mittelmeer nach Ägypten zurückkehren.

Der griechische Geschichtsschreiber *Herodot* liefert uns einen spannenden Bericht über diese Fahrt: „Die Seeleute brachen also auf und segelten aus dem Roten Meer in das südliche Meer. Als es Herbst wurde, gingen sie an Land, bestellten die Felder und warteten die Ernte ab, wo auch immer sie sich gerade in Afrika befanden. Wenn das Korn abgeerntet war, fuhren sie weiter, bis sie nach zwei Jahren in das Mittelmeer gelangten und so im dritten Jahr wieder nach Ägypten zurückkehrten. Sie erzählten (was ich al-

Marmorbüste von Herodot (ca. 430 v. Chr.)

lerdings nicht glauben kann, vielleicht glaubt es aber ein anderer), daß sie bei der Umschiffung Afrikas die Sonne zur Rechten gehabt hätten."

Was ist damit gemeint? Wenn man auf der Nordhälfte der Erde nach Westen schaut oder in diese Himmelsrichtung segelt, steht die Sonne mittags auf der linken Seite, also im Süden. Wenn sich die Sonne mittags auf der rechten Seite, also im Norden, befindet, muß man sich sehr weit im Süden befinden, nämlich südlich des Äquators. Herodot konnte sich das wohl deshalb nicht vorstellen, weil er selber nie auf der Südhalbkugel der Erde war. Tatsächlich ist aber dies der Beweis dafür, daß Nechos Kapitän tatsächlich Afrika umrundet hat. Leider ist der Bericht über diese „Afrikaumrundung" sehr schnell in Vergessenheit geraten.

Ägyptische Fischer auf dem Nil in einem Boot, wie es schon vor 2500 Jahren benutzt wurde.

Warum segelte Hanno nach Westafrika?

Die Stadt *Karthago* lag an der Mittelmeerküste Nordafrikas im heutigen *Tunesien*. Wie uns alte Schriften berichten, wurde sie im Jahr 814 v. Chr. von den *Phönikern* gegründet. Die Phöniker waren ein Volk von hervorragenden Seefahrern, und sie waren auch Händler. Sie siedelten ursprünglich im heutigen *Libanon*. Bald gründeten sie aber viele neue Städte im gesamten westlichen Mittelmeer, vor allem in Nordafrika und Südspanien.

In Karthago wurde vor etwa 2500 Jahren ein Junge geboren, der der tüchtigste Seefahrer seiner Zeit werden sollte. Er hieß *Hanno*. Schon als junger Mann stach er mit einer Flotte von 60 Schiffen in See. Mit ihm fuhren Tausende von Menschen, nicht nur Besatzung für die Schiffe, sondern auch Siedler. Hanno sollte in Nordwestafrika – im heutigen *Marokko* – neue Niederlassungen gründen.

Wo traf Hanno auf Gorillas?

Nachdem Hanno seine eigentliche Aufgabe erfüllt hatte, fuhr er entlang der Küste Westafrikas weiter nach Süden. Hanno brachte von seiner Reise einen aufregenden Bericht mit. Darin beschreibt er die Küste, erzählt von Schilf, Sumpf und riesigen Wäldern. Er berichtet über die Tiere, die er und seine Männer sahen: Elefanten, Krokodile, Flußpferde und – Gorillas. Sie hielten sie, so schrieb Hanno in seinem Bericht, für „Waldmenschen, die sich Tierfelle angezogen hatten und uns mit Steinwürfen angriffen".

Die Eingeborenen, denen Hanno begegnete, waren dagegen friedlich gesinnt. Es gelang ihm auch, sich mit ihnen zu verständigen. Einige der Afrikaner fuhren sogar mit Hanno mit und wurden seine Dolmetscher (= Übersetzer).

Hanno berichtete über einen feuerspeienden Berg. Dabei kann es sich nur um den Kamerunberg gehandelt haben.

Nachts sahen sie überall an der Küste kleine Feuerstellen und hörten lautes Singen, die Töne von Flöten und Trommeln. Hannos Männer fürchteten sich vor diesem Lärm, denn er mußte von sehr vielen Menschen stammen. Und dort, wo nachts die Feuer brannten, waren tagsüber nur undurchdringliche Urwälder zu sehen.

Hanno ließ sich davon nicht aufhalten und fuhr weiter nach Süden. Nach einigen Tagen sahen sie das größte Feuer. „Es ragte bis zu den Sternen hinauf", beschreibt Hanno das Schauspiel. „Es war dies, wie sich bei Tage zeigte, ein gewaltiger Berg. Von hier aus fuhren wir drei Tage an Feuerbächen vorbei."

Was Hanno hier schildert, war ein Ausbruch des einzigen tätigen Vulkans in Afrika, des über 4000 Meter hohen *Kamerunbergs* im Golf von Guinea. Das ist der wichtigste Anhaltspunkt dafür, wie weit der Karthager eigentlich gekommen ist. Von hier fuhren sie nur noch ein kleines Stück weiter. Sie trafen wiederum Gorillas und versuchten sie mitzunehmen. Die Tiere wehrten sich jedoch, und Hannos Männer töteten sie und zogen ihnen die Felle ab.

Da die Essensvorräte nun zu Ende gingen, entschloß sich Hanno, seine abenteuerliche Entdeckungsfahrt hier abzubrechen und die Rückkehr nach Karthago anzutreten.

19

Warum forschten die Griechen im Norden?

Der erste Grieche, der in Nordeuropa forschte, war *Pytheas* aus *Massilia*. So nannten die alten Griechen die heutige Stadt *Marseille* an der Küste Südfrankreichs. Pytheas begann um 325 v. Chr. seine Reise. Sein Bericht hierüber ist leider nur sehr unvollständig erhalten. Trotzdem wissen wir, weshalb er nach Nordeuropa fuhr. Pytheas war zu seiner Zeit ein bekannter Reisender und Wissenschaftler, der sich auch mit der Sternenkunde beschäftigte. Daneben war auch der Handel ein Anlaß für die Erkundungsfahrt in den hohen Norden. Die Kaufleute von Massilia wollten das Monopol der Karthager auf den Zinnhandel durchbrechen. Pytheas sollte neue Handelswege entdecken. Außerdem wollte er feststellen, woher Bernstein eigentlich kam und woraus er besteht.

Über die Entstehung von Bernstein gab es in alter Zeit viele sonderbare Ansichten. Pytheas selber hatte aber erkannt, daß Bernstein das hartgewordene Harz von Bäumen ist. Er wußte auch, daß die im Bernstein eingeschlossenen Gebilde Fliegen oder andere Insekten waren, die am Harz klebenblieben, als es noch zähflüssig war.

Warum umsegelte Pytheas Britannien?

Zunächst machte sich Pytheas also auf den Weg nach *Britannien*, wo die Karthager das Zinn holten. Einer seiner Aufträge war es zu erforschen, ob Britannien tatsächlich eine Insel ist oder nur ein irgendwo im Norden vorspringender Teil des Festlandes. Pytheas überließ nichts dem Zufall. Er wählte die einfachste und sicherste Möglichkeit, dies festzustellen: Er umsegelte Britannien. Wahrscheinlich hat Pytheas während dieser Fahrt von Einheimischen gehört, daß Britannien nicht das einzige Land hier im Norden sei.

Pytheas segelte von Massilia nach Britannien.

Pytheas war der erste Seefahrer, der das Packeis beschrieben hat. Die Schiffe, die er benutzte, waren griechische Dieren.

Wie kam Pytheas nach Norwegen? Pytheas unterbrach die Umsegelung Britanniens und fuhr in nordöstliche Richtung. Für die Matrosen war das schrecklich. In einem bekannten Meer oder immer entlang der Küste zu segeln waren sie gewöhnt. Doch aufs offene Meer hinauszufahren, vielleicht nie wieder Land zu erreichen, kam vielen vor wie der sichere Tod. Sehr lange dauerte die Ungewißheit aber nicht. Schon nach sechs Tagen ohne Landsicht gelangte Pytheas' Schiff nach *Norwegen*, das er *Thule* nannte.

Pytheas war offenbar im Sommer dort, und er mußte überrascht feststellen, daß es im hohen Norden nachts kaum dunkel wird. „Die Barbaren zeigten uns, wo sich die Sonne schlafen legt", berichtete er. „Denn es traf zu, daß in diesen Gegenden die Nacht nur so kurz ist, für die einen zwei, für die anderen drei Stunden, so daß die Sonne nach ihrem Untergang nach einer kurzen Zwischenzeit gleich wieder aufgeht." Was der griechische Forscher hier beschreibt, ist der Polarsommer in nördlichen Breiten. Weil die Erdachse schräg zur Sonne steht, sind die Nächte hier sehr kurz. Nördlich des *Polarkreises* geht die Sonne für einige Zeit überhaupt nicht mehr unter.

Wo fand Pytheas den Bernstein? Von Norwegen kehrte Pytheas zunächst nach Britannien zurück. Er vollendete seine Umsegelung der Insel und bereiste anschließend das Landesinnere. Dabei sah er die großen Straßen für den Zinnhandel.

Von Britannien aus begab sich Pytheas auch noch an die Nordseeküste *Germaniens*. Er berichtet über das Wattenmeer, das er wohl als einer der ersten Südländer sah. Er klärte die Herkunft des Bernsteins und erkundete die Handelsmöglichkeiten. Dann kam er auf dem Landweg nach Massilia zurück. Es ist ein großes Unglück, daß Pytheas' Berichte später fast vollständig verlorengegangen sind. Die Erkenntnisse dieses bedeutenden Forschers haben jedenfalls das Wissen über die Erde stark erweitert.

Wie Polarsommer und Polarwinter entstehen

Die Erdachse ist die direkte Verbindung zwischen den beiden Polen, um die sich die Erde dreht. Sie steht nicht immer senkrecht zur Sonne, sondern etwas „schräg" im Weltraum.

Nur deshalb gibt es überhaupt Jahreszeiten. Denn während der jährlichen Wanderung um die Sonne steht mal die Nordhalbkugel, mal die Südhalbkugel mehr im Sonnenlicht.

Wenn bei uns Sommer ist, ist die Nordhalbkugel der Sonne mehr zugewandt als die Südhalbkugel. Der Nordpol hat ein halbes Jahr Tageslicht. Trotzdem wird es dann am Nordpol nicht richtig heiß, denn die Sonnenstrahlen treffen hier so schräg auf, daß sie nicht in der Lage sind, viel Wärme zu spenden.

Je weiter man sich dann vom Pol entfernt, um so kürzer ist der Polarsommer. Und diesseits des Polarkreises versinkt die Sonne auch am längsten Tag des Jahres kurz hinter dem Horizont. Je weiter wir im Sommer nach Süden kommen, um so länger werden die Nächte.

Diese Erscheinung ist auch bei uns noch deutlich spürbar. Im Sommer ist es 17 Stunden hell und sieben Stunden dunkel. Im Winter ist das umgekehrt. Dann ist der Tag kurz und die Nacht lang; am Nordpol geht ein halbes Jahr die Sonne nicht auf.

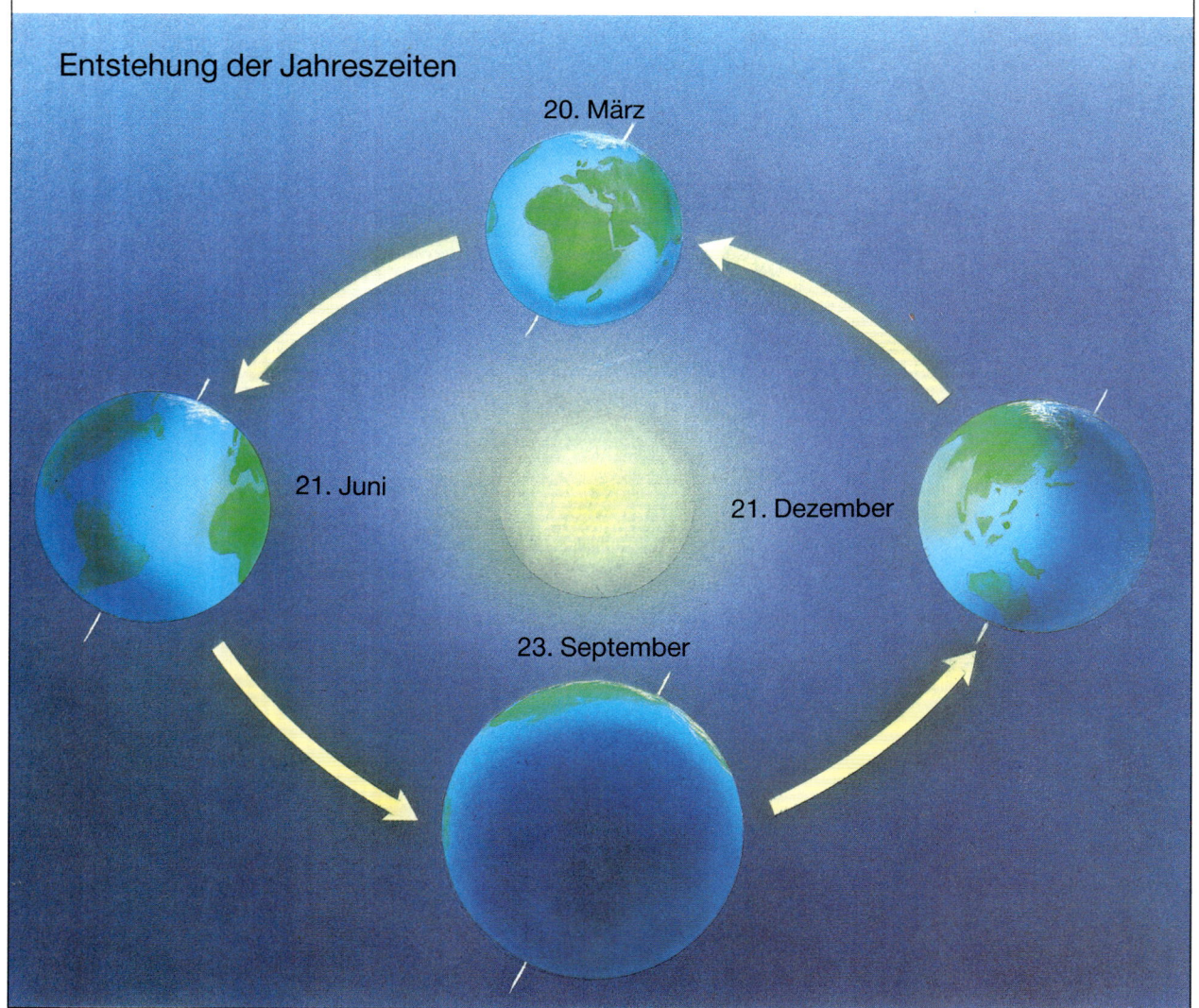

Entstehung der Jahreszeiten

War Alexander der Große ein Entdecker?

Etwa zur gleichen Zeit, als sich Pytheas nach Norden wandte, begab sich ein anderer Grieche nach Osten. *Alexander der Große* stammte aus *Makedonien*, einer Provinz in Nordgriechenland. Er war aber kein Forscher, der eine Entdeckungsreise aus wissenschaftlicher Neugier unternahm. Alexander war König von Makedonien und Herrscher über alle Griechen. Allein sein Machtwille trieb ihn in die Ferne. Er wollte die Weltherrschaft erringen, indem er sich Asien untertan machte.

Zunächst ging es gegen den Erzfeind der Griechen, die *Perser*. Das riesige persische Reich erstreckte sich von der Küste Kleinasiens über mehr als 4000 Kilometer bis an den *Indus*, den Grenzfluß zu Indien. Alexander zog mit seinem Heer zunächst durch Kleinasien nach *Ägypten*, dann nach Osten in das persische Kerngebiet im Zweistromland und am Persischen Golf. Dort besiegte er den Perserkönig entscheidend.

Bis hierher wußten die Griechen über Asien schon recht gut Bescheid. Erst hier beginnt Alexanders „Entdeckungsreise", denn über die Länder weiter im Osten wußte er gar nichts. Er hatte keine Vorstellung davon, wieviel Land vor ihnen lag oder ob sie bald ans Meer kommen würden. Vielleicht würden sie auch einfach am Ende der Erde landen und von der „Weltscheibe" stürzen?

Fand Alexander die Quellen des Nils?

Nach der Unterwerfung der Perser ordnete Alexander sein riesiges Reich und schickte viele seiner treuen Soldaten nach Hause. Mit einem kleinen, aber schlagkräftigen Heer zog er dann südlich des Kaspischen Meeres nach Osten. Sie erreichten schließlich das *Hindukuschgebirge*, den er-

Alexander gelangte mit seinem Heer bis zum Fuße des Himalaja.

sten Ausläufer des *Himalaja*. Der Weg durch das Hochgebirge war anstrengend, und viele von Alexanders Männern überlebten ihn nicht. Alexander aber führte sie weiter nach Osten.

Sie erreichten schließlich den Indus, einen großen Strom im Norden Indiens. Begeistert sprangen die Männer nach langem und anstrengendem Marsch ins kühle Wasser. Doch was für gefährliche Tiere lauerten hier: Krokodile. Alexander glaubte nun, er habe die Quellen des *Nils* erreicht. Nur von diesem großen afrikanischen Strom waren den Griechen die Krokodile bekannt. Also gab er seinem Kapitän *Nearchos* den Befehl, Schiffe zu bauen. Mit ihnen wollte Alexander den Fluß hinunter bis ins Mittelmeer fahren.

In der Zwischenzeit zog er nach Indien weiter. Den Truppen standen schreckliche Strapazen bevor. Wochenlanger Regen machte es unmöglich, ein Feuer anzulegen. Alexanders Truppe meuterte und zwang ihn zur Umkehr. Als sie glücklich wieder den Indus erreichten, waren die Schiffe gerade fertig und bereit zur Abfahrt. Alexander fuhr los, obwohl er inzwischen erfahren hatte, daß der Indus keineswegs in den Nil, sondern in ein Meer westlich von Indien einmündet.

Auf welchem Weg kehrte Alexander zurück?

Der Heimweg Alexanders und seiner Truppen führte zunächst den Indus flußabwärts bis zur Mündung. Hier trennte sich der König von seinen Schiffen. Nearchos sollte den Seeweg erforschen. Er segelte durch den Persischen Golf bis zur Mündung von *Euphrat* und *Tigris*. Alexander selber marschierte mit dem größten Teil seiner Truppen quer durch eine ausgedehnte Wüste nach Westen. Dieser Gewaltmarsch kostete viele Männer das Leben. Sie verdursteten in der Trockenheit. Nur jeder vierte Soldat überlebte.

Einen militärischen Sinn hatte dieser Marsch durch die Wüste nicht. Er diente allein dazu, den Forschungsdrang und die Wißbegierde Alexanders zu befriedigen. Über sieben Jahre nach seinem Aufbruch kehrte Alexander schließlich an den Ausgangspunkt seiner gigantischen Unternehmung zurück.

Die Weltherrschaft hat Alexander der Große nicht erreicht. Er hat ein großes Reich entstehen lassen, das jedoch schon bald nach seinem frühen Tod zerfiel. Er starb im Alter von 33 Jahren an Malaria. Griechenland hat er nicht wiedergesehen. Doch die Berichte über seinen Zug nach Asien gelangten nach Griechenland und dienten der Wissenschaft. Alexanders Eroberungen und Entdeckungen haben die Kenntnisse von der Erde mit einem Schlag enorm erweitert.

Marmorbildnis von Alexander dem Großen

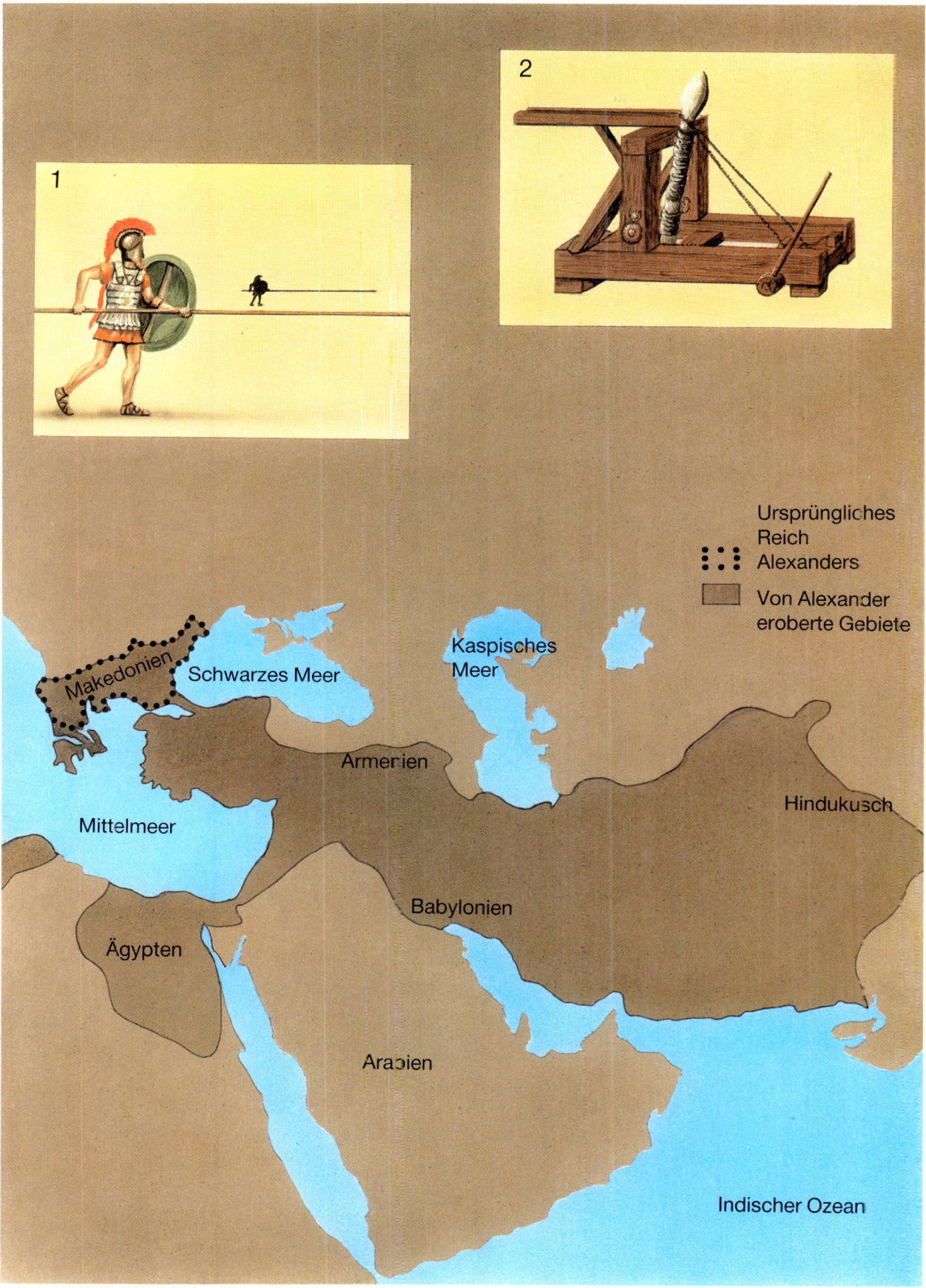

1 Speerwerfer, die bis zu 7 Meter lange Speere trugen und 16 Reihen tief gestaffelt waren, bildeten das Zentrum im Heer von Alexander dem Großen.

2 Diese riesigen Steinschleudern wurden in den Schlachten eingesetzt. Ähnlich einer überdimensionalen Armbrust wurde das Katapult mit Tiersehnen gespannt.

Alexander schuf durch seine Eroberungen ein Reich, das bis Afrika und Asien reichte.

Die vergessenen Fahrten der Wikinger

Wann war das Mittelalter? Als *Mittelalter* wird etwa die Zeit zwischen 500 und 1500 n. Chr. bezeichnet. Der Anfang dieses langen Zeitalters wird meistens mit dem Untergang des *Römischen Reiches* begründet. Das Ende des Mittelalters setzt man in die Zeit *Martin Luthers*. Seine Reformation wird oft mit dem Beginn der Neuzeit gleichgesetzt. In diese Zeit fällt auch die Entdeckung Amerikas durch Christoph Kolumbus im Jahr 1492 – ein Ereignis, das schon für die Zeitgenossen den Beginn eines neuen Zeitalters kennzeichnete.

Das Mittelalter wird oft als finster und bedrückend empfunden. Das hat seine Gründe. Viele Errungenschaften, welche die Menschen schon gemacht hatten, gingen damals wieder verloren. Den alten Griechen war längst bekannt, daß die Erde eine Kugel ist. Wer im Mittelalter behauptete, unser Planet sei rund, galt als Ketzer und riskierte sein Leben.

Woher kamen die gefürchteten Wikinger? In mancherlei Hinsicht war also das Mittelalter tatsächlich dunkel und bedrohlich. Auch das Reisen war schwieriger als im Altertum und natürlich nicht so einfach wie heute. Deshalb hat es auch fast bis zum Ende des Mittelalters gedauert, bis wieder große Entdeckungsfahrten unternommen wurden.

Eine Ausnahme bildeten die Fahrten der *Wikinger*. Sie waren von den Ereignissen in Mittel- und Südeuropa kaum betroffen. Und so wurden die mutigen und langen Schiffsfahrten dieses nordischen Volkes in anderen Ländern kaum bekannt.

Die Wikinger waren ein Volk von kühnen Seefahrern und tapferen Kämpfern. Ihre schnellen und wendigen Schiffe wurden *Drachenboote* genannt. Die Wikinger waren damals – vor ungefähr 1000 Jahren – der Schrecken der Meere und Küsten. Aber sie waren auch Bauern und Viehzüchter. Da in ihrem kalten Land die Ernten oft schlecht ausfielen, waren sie immer bereit, neues Land zu erobern und zu besiedeln.

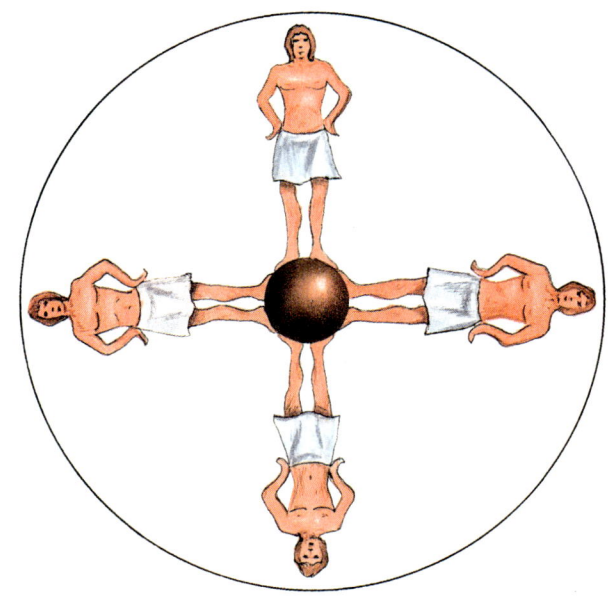

Mittelalterliche Darstellung von Antipoden (gr.: Gegenfüßler). Zur Verspottung der Menschen, die daran glaubten, daß die Erde eine Kugel ist.

Ursprünglich waren die Wikinger in *Skandinavien* daheim, in Norwegen, Schweden und Dänemark. Doch bald eroberten sie andere Länder im Norden. Und nicht nur hier: Sie befuhren sogar das Mittelmeer. Sie überfielen so manche Küstenstadt und plünderten sie.

Wie wurde Island besiedelt? Ein Land, das von Wikingern immer wieder überfallen wurde, war *Irland*. Hier hatten sich etwa 500 n. Chr. Mönche angesiedelt. Sie wurden schließlich von den Wikingern vertrieben und zogen zum Teil weiter nach Norden. Irische Mönche besiedelten als erste die Insel *Island*. Es ist sicher, daß Island schon hundert Jahre von den Mönchen besiedelt war, bevor die Wikinger kamen. Aber auch von hier wurden die Mönche, die Ruhe und Einsamkeit suchten, wieder von den rauhen Wikingern vertrieben.

Island war nun ein Land der Wikinger. Damals war dort das Klima noch etwas wärmer als heute. Es gab auch noch Wälder auf Island. Ihr Holz benötigten die Wikinger zum Bau von Häusern und Schiffen, aber auch zum Feuermachen. Die angenehmen heißen Quellen, die das ganze Jahr über warmes Wasser spenden, sprudelten damals schon.

Einer der Wikinger, die sich in Island niederließen, hieß *Thorwald Aswaldsson*. Er hatte im Streit seinen Nachbarn getötet. Deshalb war er von einem Gericht dazu verurteilt worden, seine Heimat Skandinavien zu verlassen. Mit seiner ganzen Familie übersiedelte er um das Jahr 960 nach Island.

Rekonstruktion eines Wikingerhauses auf Island. Das Dach des Hauses ist mit großen Rasenstücken gedeckt.
1 Halle
2 Halle
3 Wohnraum mit Feuerstelle
4 Molkerei
5 Toilette

Warum ließen sich die Wikinger in Grönland nieder?

Thorwald Aswaldsson hatte einen Sohn. Er hieß Erik und wurde wegen seiner Haarfarbe *Erik der Rote* genannt. Erik hatte offensichtlich das hitzige Gemüt seines Vaters geerbt. Zwei Nachbarssöhne erschlug er im Zorn. Er wurde daraufhin für drei Jahre aus Island verbannt.

Viele Jahre davor hatte ein Fischer nordwestlich von Island eine Felsenküste gesichtet. Der Fischer ist nicht an Land gegangen, hat aber doch von seiner Entdeckung berichtet. Erik hatte jetzt viel Zeit. Er wollte die drei Jahre seiner Verbannung dazu benutzen, dieses Land zu suchen. Im Mai oder Juni 982, also zu einer günstigen Jahreszeit, verließ Erik der Rote Island. Er segelte in westlicher Richtung. Schon nach wenigen Tagen erreichte er tatsächlich eine unbekannte Küste.

Während seiner dreijährigen Verbannung sah sich Erik gründlich in den neuentdeckten Landstrichen um. Einige Fjorde im Südwesten erschienen ihm durchaus bewohnbar. Als Erik nach Island zurückkehrte, hatte er den Entschluß gefaßt, hier Siedlungen zu errichten. Er war es auch, der dem Land den Namen gab, den es bis heute hat: *Grönland*, was soviel bedeutet wie „grünes Land". Mit diesem Namen wollte er Siedler auf die Insel locken, auf der die eisigen Gletscher bis ans Wasser reichen.

Das ist ihm auch tatsächlich gelungen. Schon im nächsten Sommer fuhr Erik der

1 Achtersteven
2 Ruder
3 Achterdeck
4 Zapfen
5 Ruderpinne
6 Klampe
7 Gabelstütze
8 Riemenloch
9 Deckel für das Riemenloch
10 Kiel
11 Mastfisch
12 Block für den Sprietbaum
13 Mast
14 Kielschwein
15 Spant
16 Querbalken
17 Winkelstück
18 Vordersteven

28

Rote wieder nach Grönland. Mit ihm kamen über 500 Siedler, darunter auch viele Frauen und Kinder. Es waren insgesamt 25 vollbeladene Schiffe. Doch nur 14 Schiffe kamen tatsächlich in Grönland an. Einige sind im Sturm gesunken, andere wurden vom ungünstigen Wind nach Island zurückgetrieben. An der Küste Grönlands ließen sich die verbliebenen Wikinger als Bauern und Viehzüchter nieder.

Doch damit begannen auch schon die Probleme. Sie brauchten Holz für Häuser, Ställe und Schiffe und außerdem natürlich als Brennstoff. In Grönland gab es zwar kleine, verkümmerte Birken und Weiden. Sie eigneten sich vielleicht als Brennholz, waren aber auf keinen Fall als Baumaterial zu verwenden.

Entdeckten die Wikinger sogar Amerika?

Der älteste Sohn von Erik dem Roten hieß Leif. Er war im Gegensatz zu seinem Vater und seinem Großvater ein friedfertiger Mann. Man nannte ihn deshalb *Leif der Gute*. Zur weitläufigen Verwandtschaft von Erik und Leif gehörte auch ein gewisser *Bjarni Herjulfson*. Bjarni war ebenfalls ein mutiger Seefahrer, der weit herumgekommen war. Er hatte im Sommer des Jahres 986 ein merkwürdiges Erlebnis.

Bjarni fand bei der Rückkehr von einer Fahrt nach Norwegen den Hof seines Vaters auf Island verlassen vor. Nachbarn berichteten ihm schließlich, daß die ganze Familie mit Erik dem Roten nach Grönland gegangen sei. Bjarni zögerte nicht lange und segelte gleichfalls nach We-

Aufriß eines Wikingerbootes

sten. Bei dichtem Nebel und widrigen Winden kam er aber vom Kurs ab und segelte weit an Grönland vorbei.

Nach vielen Tagen sichteten die versprengten Seefahrer eine hügelige, bewaldete Küste. An Land gingen sie jedoch nicht, denn es konnte sich hier kaum um Grönland handeln: Von den hohen, vergletscherten Bergen, über die man Bjarni erzählt hatte, war nichts zu sehen. Die Wikinger entschlossen sich zur Umkehr und segelten mit dem Wind aufs offene Meer hinaus Richtung Nordosten. Diesmal erreichten sie nach einwöchiger Fahrt tatsächlich Grönland. Heute wissen wir, daß Bjarni und seine Männer vermutlich die ersten Europäer waren, die das amerikanische Festland sichteten.

Wer betrat als erster den Boden Amerikas?

Leif Eriksson machte sich auf die Suche nach dem bewaldeten Land im Westen. Dort gäbe es sicher nicht nur genug Holz, sondern auch vieles andere, auf das sie im kargen Grönland verzichten mußten. Schon nach einigen Tagen sahen sie Land. Die Gletscher auf der flachen Felsküste reichten bis ans Meer, es gab dort nicht einmal Gras. Dennoch ging Leif von Bord und gab der Gegend den Namen *Helluland* („Flachsteinland").

Dann fuhren sie weiter nach Süden. Schon bald sahen sie wieder Land. Jetzt war es eine Küste mit breitem Sandstrand und dahinter – riesige Wälder. Dieses Land nannten sie *Markland* („Waldland"). Hier hätten sie nun bleiben können, denn sie hatten das dringend benötigte Holz gefunden. Doch Leif und seine Männer waren neugierig geworden. Als echte Entdecker wollten sie das Land weiter erkunden. Sie gingen wieder auf ihr Schiff und fuhren Richtung Süden.

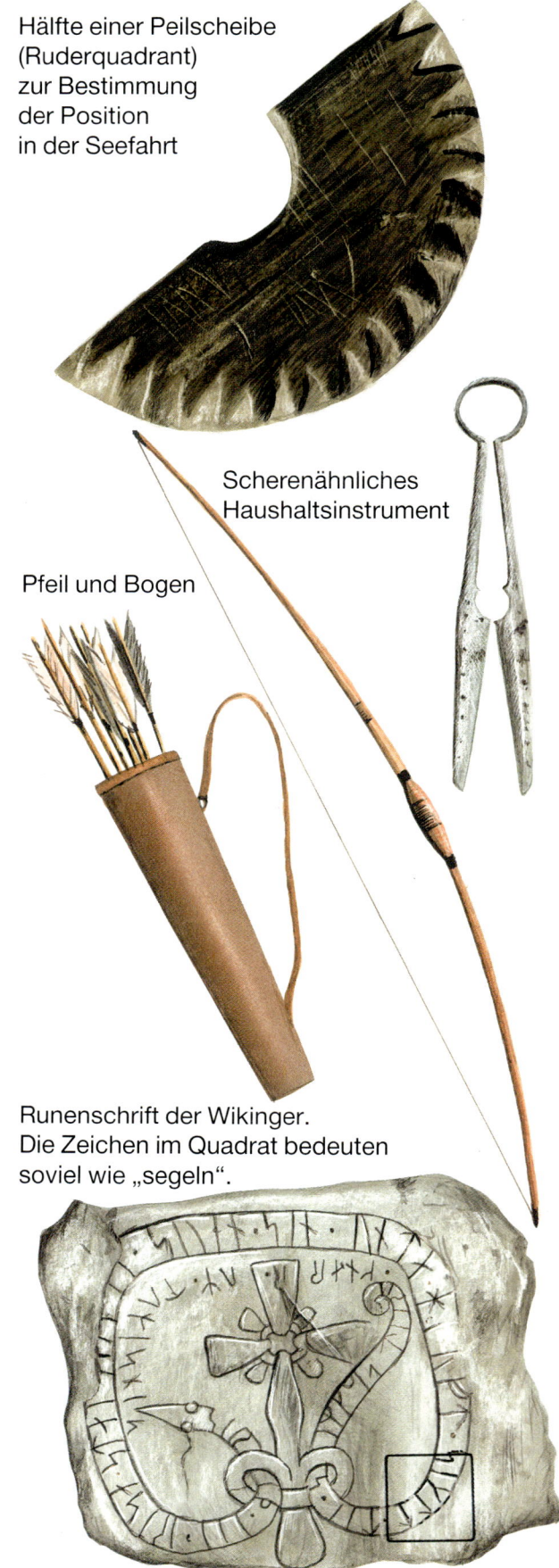

Hälfte einer Peilscheibe (Ruderquadrant) zur Bestimmung der Position in der Seefahrt

Scherenähnliches Haushaltsinstrument

Pfeil und Bogen

Runenschrift der Wikinger. Die Zeichen im Quadrat bedeuten soviel wie „segeln".

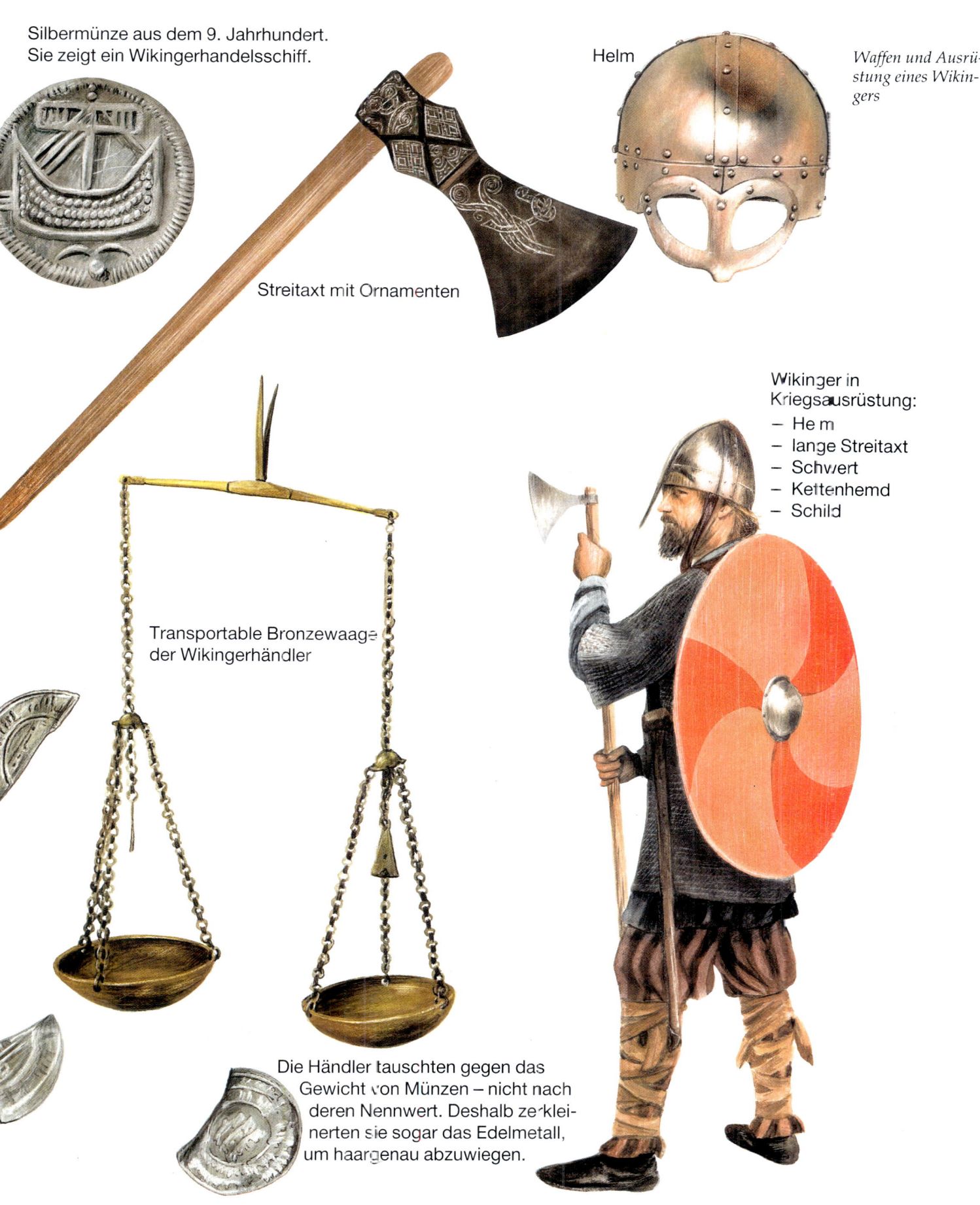

Nach zwei Tagen auf See sichteten sie abermals Land. Jetzt ruderten sie einen Fluß hinauf und erreichten bald einen kleinen See. Leif beschloß, daß er und seine Männer hier überwintern würden. Sie errichteten Häuser und erkundeten die Gegend. Auch hier gab es viel Wald. Und völlig überraschend entdeckte einer der Männer Weinstöcke mit Trauben. Die Wikinger nannten diesen Landstrich daher *Vinland*, das „Weinland". Dies alles geschah im Jahr 1000. Im darauffolgenden Jahr kehrte Leif nach Grönland zurück.

Bis wann lebten Wikinger in Amerika?

Die Wikinger unternahmen noch viele Fahrten nach Vinland. Die dort errichtete Kolonie konnte sich einige hundert Jahre halten. Doch dann hat eine Klimaverschlechterung im 14. Jahrhundert zum Untergang der Wikinger in Grönland geführt. Vinland war noch immer von Grönland abhängig gewesen und wurde deshalb auch aufgegeben. Die Grönlandwikinger und ihre Entdeckungen gerieten wieder in Vergessenheit.

Die Wikinger haben aber in Amerika deutliche Spuren hinterlassen. Einige Runensteine sind gefunden worden. *Runen* sind die alten Schriftzeichen der Wikinger. Sogar eine Kirche, die die Wikinger gebaut haben, ist erhalten geblieben. Früher glaubte man, daß es sich bei dem Gebäude um eine alte, verfallene Windmühle handelt. Doch heute gibt es keinen Zweifel mehr: Es ist die älteste christliche Kirche in Amerika.

Leif Eriksson bei seiner Entdeckungsfahrt nach Amerika

Die Weltreisenden des Mittelalters

Was suchten Händler aus Venedig bei den Mongolen?

Venedig war im Mittelalter eine der reichsten Handelsstädte Europas. Eine wichtige Rolle in der Lagunenstadt im Norden Italiens spielte die Kaufmannsfamilie Polo. Sie handelte mit Stoffen und Gewürzen aus dem fernen Osten. Die Brüder *Maffeo* und *Nicolo Polo* gehörten zu den ersten, welche die weite Reise nach Asien auf sich nahmen. Dort gelangten sie an den Hof des mächtigen Mongolenherrschers *Kublai-Khan*.

Kublai unterwarf *Tibet* und *Hinterindien* und eroberte auch *China*. Dennoch unterschied er sich in mancherlei Hinsicht von seinen Vorgängern. Er wollte von der Kultur der Völker, die er beherrschte, lernen. Kublai galt als weltoffener Herrscher. Es war also nicht weiter verwunderlich, daß er auch die beiden Brüder Maffeo und Nicolo Polo freundlich bei sich aufnahm. Man darf annehmen, daß sich Kublai-Khan sehr über ihren Besuch gefreut hat. Er verbrachte viele Stunden gemeinsam mit ihnen. In den Gesprächen ging es wohl auch um das Christentum. Jedenfalls sandte Kublai-Khan Nicolo und Maffeo Polo mit einem Auftrag zum Papst nach Rom. Dieser Weg führte die beiden Brüder natürlich auch in ihre Vaterstadt Venedig. Dort sah Nicolo zum erstenmal seinen fünfzehnjährigen Sohn *Marco Polo*.

Wie kam Marco Polo als Siebzehnjähriger nach China?

Kublai-Khans Wunsch war es gewesen, das Christentum nach Asien zu bringen. Er hatte die Polos beauftragt, mit hundert Religionslehrern aus Rom zurückzukommen. Im Jahr 1271 begann die lange Reise. Der Papst übergab den Brüdern Briefe und Geschenke für Kublai, und schickte immerhin zwei Priester mit auf die Reise. Diese beiden Geistlichen kehrten aber schon bald wieder um.

Auf die weite Reise nach China fuhr jedoch ein anderer mit: Marco Polo. Er

Kublai-Khan nach einem zeitgenössischen Stich

wollte sich wohl nicht so schnell wieder von seinem Vater trennen. Vielleicht wollten ihn die Brüder Maffeo und Nicolo auch schon mit dem Handel im fernen Osten vertraut machen. Marco Polo war damals siebzehn Jahre alt. Er schaffte, was kein anderer vor ihm fertiggebracht hatte: Schnell lernte er mehrere Mongolensprachen.

Kublai-Khan faßte rasch Vertrauen zu dem aufgeschlossenen jungen Mann. Wegen seiner guten Sprachkenntnisse wurde Marco Polo für den Mongolenherrscher unentbehrlich. Als sein Sonderbevollmächtigter reiste er siebzehn Jahre durch Kublai-Khans riesiges Reich und sammelte Informationen. Er lernte auf diese Weise Land und Leute kennen wie kein anderer vor ihm.

Was erlebte Marco Polo in China? Es waren wunderbare Dinge, von denen Marco Polo nach der Rückkehr von seiner großen Reise berichtete.

Da er der Vertraute des Khans war, konnte er sich im Palast und in dem dazugehörenden Park frei bewegen. Riesige Rasenflächen wechselten sich dort mit künstlich beschnittenen Hecken und Baumgruppen ab. In großen Gehegen hielt der Kaiser Damhirsche, Rehe und Böcke. Auch Sperber, Falken, Fasane und Pfauen gab es in den Anlagen. In den kaiserlichen Ställen standen zehntausend schneeweiße Pferde.

In China lernte Marco Polo eine praktische Erfindung kennen, das *Papiergeld*. Für uns ist es heute völlig normal, daß

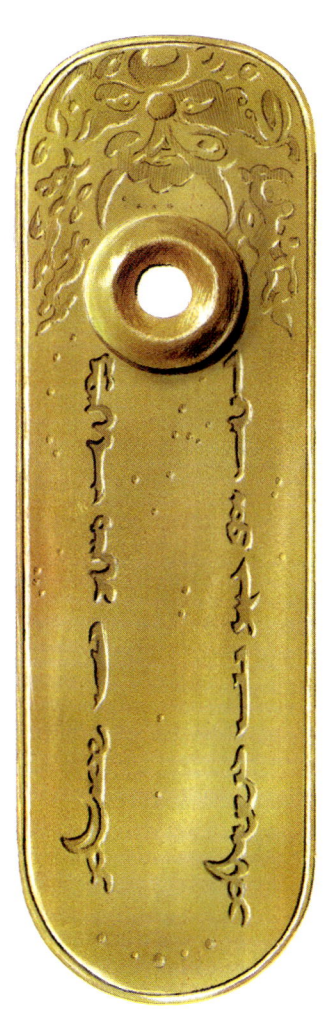

Links: Eine solche Goldtafel wies Marco Polo als Sonderbevollmächtigten des Kublai-Khan aus.

Rechts: Im 7. Jahrhundert wurden in China die Banknoten erfunden. Diese ersten Geldscheine trugen das Siegel des Kaisers.

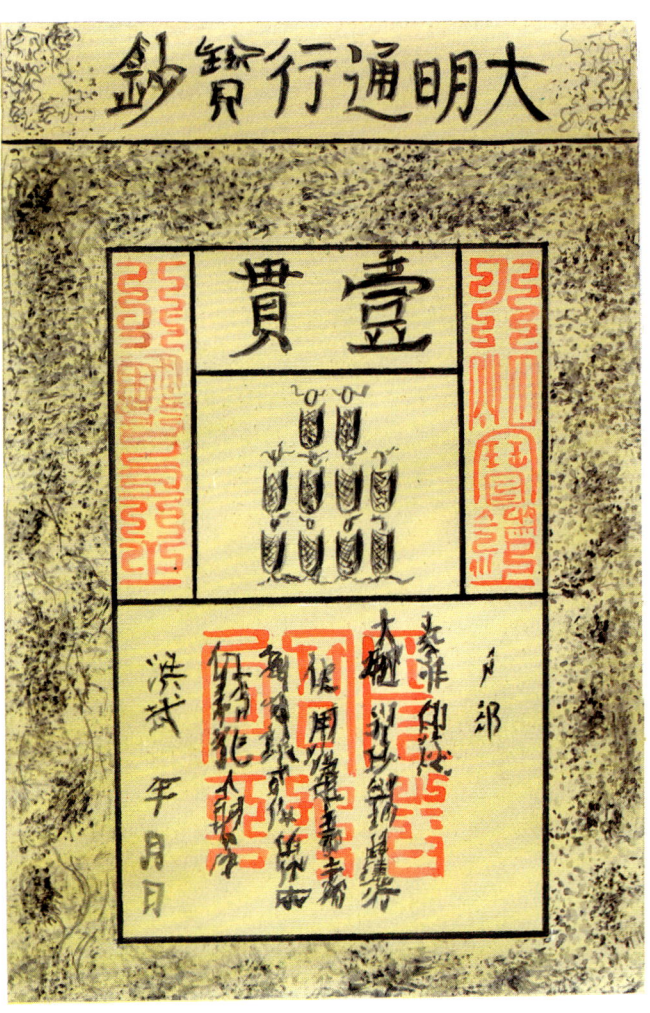

Blick auf die Chinesische Mauer

Geldscheine aus Papier bestehen. Doch unser Geld ist gedruckt und durch allerlei Besonderheiten, wie Sicherheitsfaden, Spezialpapier und Wasserzeichen, sehr sicher vor Fälschung geschützt. Auch Kublai-Khan hatte sich einiges einfallen lassen, um sein Geld fälschungssicher zu machen.

Er verwendete zu diesem Zweck ein besonderes Papier. Die Geldscheine hatten eine rechteckige Form, ihre Größe wuchs mit dem Wert, den sie hatten. Eigens dafür angestellte Beamte schrieben zusätzlich den Wert auf den Geldschein und bekräftigten dies mit ihrem Siegel. Ein Oberaufseher setzte dann noch ein zweites, rotes Siegel auf den Geldschein. „Jeder nimmt dieses Geld bedenkenlos an", erzählte ein überraschter Marco Polo.

Welche Stadt hatte fünf Millionen Einwohner?

Natürlich berichtet der Venezianer auch von der *Chinesischen Mauer* und anderen großartigen Bauwerken. Besonders ausführlich schildert er aber das Leben in der Hafenstadt *Quinsai*, dem heutigen *Hangtschou*. Quinsai war eine reiche Stadt. Fünf Millionen Einwohner hatte sie schon damals, im 13. Jahrhundert. Hier lebten Menschen aller Hautfarben. Und alle mußten sich bei den Behörden anmelden. Jeder Hausbesitzer war verpflichtet, an seinem Eingangstor ein Täfelchen anzubringen, auf dem der Name jedes einzelnen Bewohners vermerkt war. Ein neugeborenes Baby mußte sofort eingetragen werden, und wenn jemand wegzog oder starb, war sein Name darauf zu streichen.

Wie kehrte Marco Polo nach Venedig zurück?

Nach vielen Jahren in China erhielt Marco Polo einen neuen Auftrag des Kublai-Khan. Er sollte eine mongolische Prinzessin nach *Persien* begleiten. Mit vierzehn chinesischen Schiffen, sogenannten Dschunken, und 2000 Matrosen gingen Marco Polo und die Prinzessin auf die Reise. Auf dieser Fahrt kam er zu den Gewürzinseln, den heutigen *Molukken*. Gewürze waren in der damaligen Zeit sehr kostbar. Auch in *Ceylon*, wo es Perlen gab, machten die Schiffe Station. Nach eineinhalb Jahren kamen sie in Persien an.

Von hier reisten Marco, sein Vater und sein Onkel indessen nicht zurück nach China, sondern auf dem Landweg nach Venedig. Sie hielten es für besser, nicht

Chinesische Dschunken, wie sie Marco Polo in seinen Reiseberichten beschrieben hat

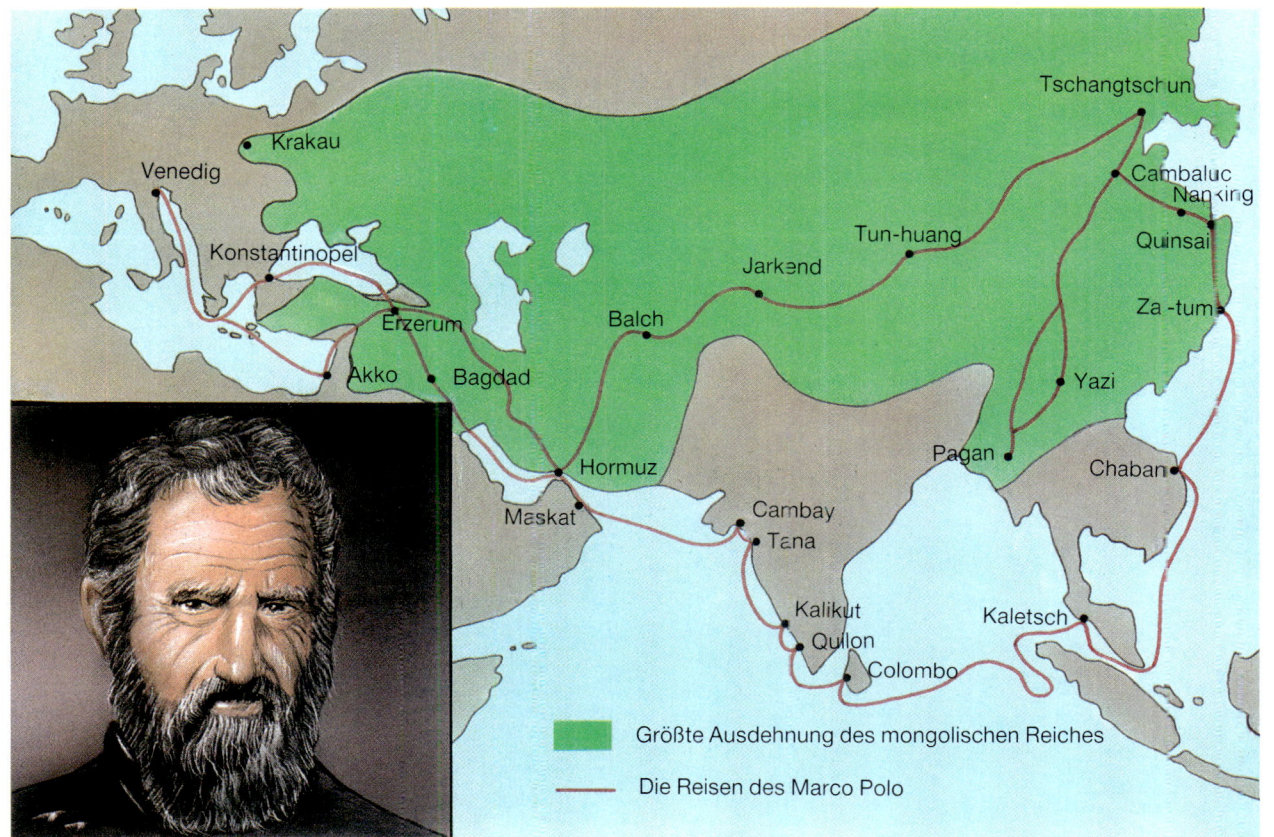

Die Karte zeigt die größte Ausdehnung des mongolischen Reiches und den Weg, den Marco Polo auf seinen Reisen wählte.

Kleines Bild: Marco Polo, nach einer Zeichnung aus dem 17. Jahrhundert

nach China zurückzukehren. Man war zwar beim derzeitigen Khan sehr beliebt, doch Kublai war alt. Bald würde er sterben, und praktisch im gleichen Moment wären die Polos ihres Lebens nicht mehr sicher gewesen. Ein neuer Khan hätte sie vielleicht sofort beiseite schaffen lassen. Im Jahr 1295 kamen sie in Venedig an, 24 Jahre nach ihrem Aufbruch. Als siebzehnjähriger Junge war Marco fortgegangen – über 40 war er, als er zurückkam.

Woher kennen wir die Abenteuer Marco Polos? Wahrscheinlich wüßten wir nicht viel über die Erlebnisse des Marco Polo, wenn es nicht 1298 zu einem Krieg zwischen Genua und Venedig gekommen wäre. Marco Polo nahm natürlich daran teil, geriet aber in Gefangenschaft. Während der Haft hatte er endlich Zeit, seine Erlebnisse aufzuschreiben. Er erzählte von den goldenen Dächern Chinas, der riesigen Stadt *Peking*, den gewaltigen Mauern und Palästen und den unermeßlichen Schätzen des fernen Ostens. Sein Bericht wurde sehr oft gelesen. Doch viele Leute glaubten ihm nicht. Im mittelalterlichen Europa hielt man die erstaunlichen Schilderungen vom fernen China für Flunkereien. Das brachte Marco Polo den Spitznamen „Messer Marco Millione" ein, was soviel bedeutet wie „Herr Marco, der mit den Millionen nur so um sich wirft".

Es spricht jedoch einiges dafür, daß Marco Polo nicht übertrieben hat. Einerseits berichteten spätere Reisende im großen und ganzen das gleiche. Andererseits weigerte sich Marco Polo auch noch auf seinem Sterbebett, irgend etwas zurückzunehmen. Er behauptete sogar, nur die Hälfte seiner wunderbaren Erlebnisse beschrieben zu haben.

Wie begann die Weltreise des Ibn Battuta?

Etwa dreißig Jahre nach Marco Polos Rückkehr ging wieder ein junger Mann, der später berühmt werden sollte, auf die Reise. Er hieß *Ibn Battuta* und lebte mit seinen Eltern in der nordafrikanischen Stadt *Tanger*. Sein Vater, ein angesehener Kaufmann, war vermögend und ermöglichte ihm ein Studium der Rechtswissenschaft.

Die Familie Battuta war sehr religiös. Ibn Battuta wurde zum gläubigen Moslem erzogen. Moslems oder Mohammedaner nennt man die Anhänger der Lehre Mohammeds. Der Prophet Mohammed wurde ungefähr im Jahr 570 in *Mekka* geboren. Er begründete die Religion des *Islam*, zu der sich heute viele Millionen Menschen in Afrika und Asien bekennen. Im Islam gibt es, genauso wie im Christentum, nur einen Gott. Das ist *Allah*. Den Moslems ist der Geburtsort ihres Religionsgründers heilig. Ein strenggläubiger Moslem muß mindestens einmal in seinem Leben eine Pilgerreise nach Mekka machen.

Im Jahr 1325 machte sich Ibn Battuta als Pilger auf den Weg nach Mekka. Einige Monate dauerte die Reise von Tanger in die heilige Stadt. Dann stand er am Grab des Propheten *Mohammed* und machte die sieben vorgeschriebenen Rundgänge. Damit hatte er eigentlich seine religiöse Pflicht erfüllt und hätte nach Tanger zurückkehren können. Doch Ibn Battuta war beeindruckt von dem bunten Treiben in Mekka. Hier waren viele Menschen aus fremden Ländern. Die Reiselust packte ihn. Hinter Büchern sitzen und studieren konnte er noch früh genug, so dachte er wohl.

Die heilige Kaaba in Mekka. Die Pilger umrunden diesen Würfel siebenmal.

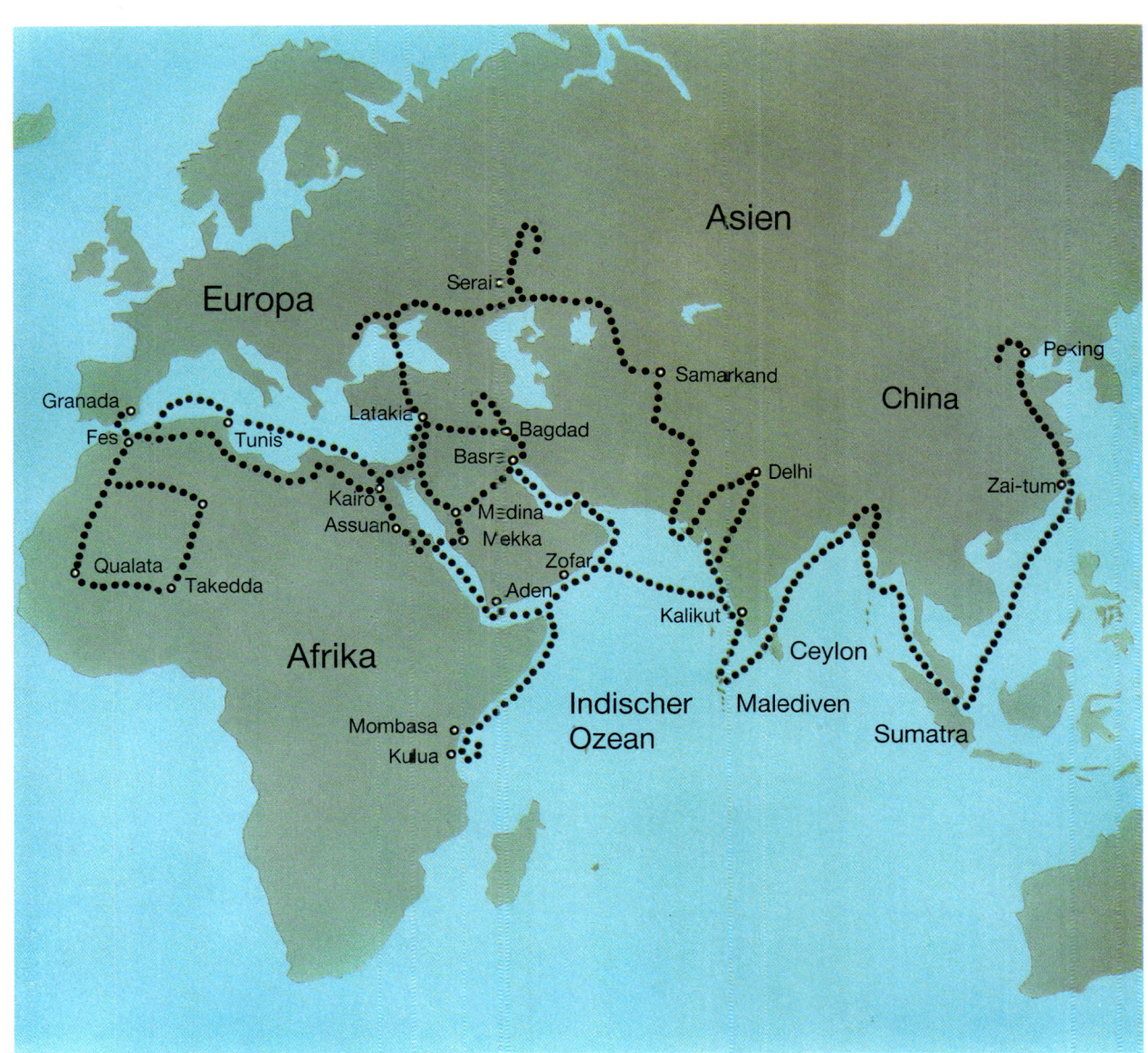

Die Reisewege Ibn Battutas zwischen 1325 und 1353

Welche Länder lernte Ibn Battuta kennen?

Von Mekka aus machte Ibn Battuta zunächst einen Abstecher ins Zweistromland. Es ist benannt nach den beiden Flüssen Euphrat und Tigris, und es gehört zu den fruchtbarsten Gegenden der Welt. Heute liegt hier der Irak. Anschließend kehrte Ibn Battuta aber nicht zurück nach Tanger, sondern begab sich erneut nach Mekka, wo er einige Jahre blieb.

Dann zog es ihn weiter in die Ferne: Er schloß sich einer Karawane an und kam zuerst nach Südostafrika. Und in den folgenden Jahren lernte er viele andere Länder kennen. Er kam nach Ägypten, Syrien, Persien und zum Schwarzen Meer. Am Kaspischen Meer und am Aralsee vorbei reiste er nach Afghanistan und schließlich über Indien nach China. Insgesamt legte Ibn Battuta über 120000 Kilometer zurück – eine Entfernung, die dem dreifachen Umfang der Erde entspricht.

Ibn Battuta sah mehr Länder als der berühmte Marco Polo. Wie dieser schrieb er einen Reisebericht.

Gewürze waren zur Zeit Ibn Battutas sehr wertvoll und wurden sogar mit Gold bezahlt.

Kleines Bild: Die Molukken, südlich der Philippinen gelegen, waren als Gewürzinseln bekannt.

Wie bezahlte Ibn Battuta seine Reisen?

Ibn Battuta hatte zwar reiche Eltern, doch kam er auf seinen Reisen nie nach Hause. Er mußte also versuchen, das Reisen und Geldverdienen so gut wie möglich miteinander zu verbinden. Hier kam ihm sein Studium zugute. Obwohl er es noch nicht abgeschlossen hatte, konnte Ibn Battuta als Kadi, als Richter, arbeiten. Aber auch auf andere Weise sorgte er für seinen Lebensunterhalt: Mal war er Reisebegleiter, mal arbeitete er für die Verwaltung eines Fürsten oder Königs.

Zudem war er ein geschickter Kaufmann. Er kaufte an einem Ort günstig ein, was er woanders gut verkaufen konnte. Auf diese Weise lernte er die Länder und vor allem deren Bewohner sehr gut kennen. Und in Ländern, in denen es Ibn Battuta besonders gut gefiel, blieb er dann für längere Zeit. In Indien und China hielt er sich jeweils fünf Jahre auf.

Wie lange war Ibn Battuta unterwegs?

Das ganz besondere Interesse von Ibn Battuta galt jenen Gewürzen, die zu Hause begehrt und teuer waren: Pfeffer, Zimt, Kokosnuß, Gewürznelken und Muskatnuß. Diese Gewürze gab es zwar in den Ländern rund ums Mittelmeer. Jedoch wußte man nicht, woraus sie bestanden und wie sie hergestellt wurden. Diese Geheimnisse wollten die Menschen auf den Gewürzinseln wohl für sich behalten, denn nur so konnten sie diese Rohstoffe teuer verkaufen. Ibn Battuta aber sah, wie die Gewürzpflanzen angebaut, geerntet und verarbeitet wurden.

Im Jahr 1349 kehrte Ibn Battuta nach Tanger zurück. Er war 24 Jahre unterwegs gewesen. Vom Sultan Marokkos bekam er den Auftrag, einen Reisebericht zu schreiben. Ihm ging es ähnlich wie Marco Polo: Viele glaubten ihm nicht und hielten seinen Bericht für ungeheuer übertrieben.

Das Zeitalter der großen Entdeckungen

Warum wurde innerhalb kurzer Zeit die ganze Welt entdeckt?

Fast alle großen Entdeckungen wurden innerhalb weniger Jahrzehnte im ausgehenden 15. und zu Beginn des 16. Jahrhunderts gemacht. Diese Zeit wird daher oft als die Epoche der großen Entdeckungen bezeichnet. Warum geschah dies alles so plötzlich?

Ein Grund dafür ist sicherlich, daß das Reisen mit dem Schiff in dieser Zeit immer leichter und sicherer wurde. Neue oder bessere Geräte vereinfachten die *Navigation*. So bezeichnet man die Kunst, den Standort und den Kurs eines Schiffes zu bestimmen.

Im 15. Jahrhundert machten sich wieder viele Wissenschaftler Gedanken über die Gestalt der Erde. Der italienische Arzt *Paolo Toscanelli* beispielsweise hatte folgende Idee: Da die Erde eine Kugel ist, müßte man Indien erreichen können, wenn man Richtung Westen segelt.

Rekonstruktion einer Karte von Paolo Toscanelli. In der Karte ist China westlich von Afrika eingezeichnet.

Astrolabium

Jakobsstab

Quadrant

Navigation: Wie die Entdecker den richtigen Kurs segelten

Als Navigation bezeichnet man die Fähigkeit eines Seefahrers, den Standort seines Schiffes genau zu bestimmen und den richtigen Kurs einzuhalten. Dies erfolgte früher ganz ohne Hilfsmittel, und trotzdem fanden sich die Seeleute des Altertums auf dem offenen Meer zurecht. Sie richteten sich nach dem Stand der Sonne und der Sterne, was nicht einfach war und große Erfahrung verlangte.

Der Grieche *Hipparch* entwickelte deshalb das älteste Beobachtungsgerät für die Seefahrt, das *Astrolabium*. Hiermit wurden der Stand der Gestirne gemessen und der Breitengrad ermittelt. Das Instrument war noch im 15. Jahrhundert gebräuchlich, zur Zeit des Kolumbus. Seine Handhabung wurde immer weiter vereinfacht und verbessert. Die Weiterentwicklung führte über den *Jakobsstab* zum *Quadranten* und *Oktanten* und schließlich zum heute noch gebräuchlichen *Sextanten*.

Das wichtigste Gerät zur Bestimmung der Himmelsrichtung ist der *Kompaß*. Seine Wirkung beruht auf einer magnetischen Nadel, die stets nach Norden weist. Diese Erfindung stammt aus China, wo die Magnetnadel schon um das Jahr 1000 verbreitet ist. Doch schon wenig später findet sich der Kompaß auch auf gut ausgerüsteten europäischen Schiffen.

Noch wichtiger war aber ein Gerät, das heute jeder kennt und fast jeder selbst besitzt: Die Uhr, damals *Chronometer* genannt, ermöglicht eine sehr genaue Zeitmessung in Stunden und Minuten. Auf diese Weise läßt sich der Längengrad bestimmen, auf dem sich ein Schiff befindet. Solche Zeitmeßgeräte verbreiteten sich aber erst im 18. Jahrhundert. Erst da gelang es, so kleine Uhren herzustellen, die in die Tasche paßten. Bis dahin maßen die Navigatoren die Zeit mit einem *Stundenglas*, einer Sanduhr, die regelmäßig umgedreht werden mußte.

Wohin fuhr Kolumbus, bevor er nach Westen segelte?

Dieselben Gedanken wie Toscanelli hatte wenig später ein Mann, der zum berühmtesten aller Entdecker werden sollte: *Christoph Kolumbus*. Er stammte aus *Genua* in Italien und war ein Sohn armer Eltern. Das Lesen und Schreiben lernte er erst spät. Kolumbus fuhr zur See, lernte die Führung eines Schiffes, wurde Kapitän. Auf seinen Fahrten kam er bis nach Island, das damals Thule hieß. Schließlich ließ er sich in *Lissabon* in *Portugal* nieder.

Hier fühlte er sich wie zu Hause. Kolumbus verdiente genug, um ein Studium zu beginnen. Er lernte viele Sprachen und konnte jetzt die Werke bekannter Forscher und Reisender lesen. Außerdem beschäftigte er sich mit dem Studium und Zeichnen von Karten. Auch von Toscanelli und seiner Idee hatte er gehört.

Was erlebte Kolumbus auf Madeira?

Kolumbus heiratete in Lissabon. Seine Frau Felipa stammte aus Madeira. Diese portugiesische Insel liegt schon weit draußen im Atlantischen Ozean, ungefähr 900 Kilometer südwestlich von Lissabon. Sie wurde erst 1418 von Seefahrern aus Portugal entdeckt. Kolumbus war der richtige Mann für einen Handelsauftrag in Madeira. Also reiste er mit seiner Frau Felipa auf die Insel.

Kurz nach ihrer Ankunft gab es einen gewaltigen Sturm aus Westen, der zwei Tage andauerte. Als man sich wieder

Das Geburtshaus von Christoph Kolumbus neben dem Soprana-Tor in Genua

nach draußen wagen konnte, ging Christoph Kolumbus schon im Morgengrauen an den Strand, denn Inselbewohner hatten ihm von merkwürdigen Hölzern erzählt, die nach derartigen Stürmen gelegentlich ans Ufer geschwemmt würden. Hölzer, die es weder in Europa noch in Afrika gebe. Das Holz sollte aussehen wie ein Grashalm, war aber manchmal so dick wie ein Baumstamm. Kolumbus hatte Glück: Er fand eine solche Pflanze. Es handelte sich um *Bambus*.

Wie war das möglich? Ein Stück Bambus aus Asien, aus Indien vielleicht, angeschwemmt durch einen Sturm aus westlicher Richtung? Asien lag doch im Osten! Möglicherweise war dies der entscheidende Hinweis für Kolumbus. Wenn nämlich ein Sturm aus Westen Gegenstände aus dem östlich gelegenen Asien an den Strand spülte, war dies ein Beweis dafür, daß die Erde eine Kugel ist. Also konnte er auch nach Asien gelangen, indem er mit einem Schiff nach Westen segelte.

Wer bezahlte die Fahrten von Kolumbus?

Sechs lange Jahre arbeitete Kolumbus an dieser Idee. Er sammelte alles verfügbare Material und versuchte den Kurs zu berechnen, auf dem er Indien in westlicher Richtung erreichen konnte. Im Jahr 1485 erzählte er dem König von Portugal von seinem Plan, in der Hoffnung, von ihm Geld für ein solches Unternehmen zu erhalten. Doch der König hielt Kolumbus für einen Abenteurer und lehnte ab.

Christoph Kolumbus überlegte, wer sonst noch Interesse an seinen Plänen haben könnte, und ging nach Spanien. Dort stand die Königin *Isabella I.* seinen Gedanken aufgeschlossen gegenüber. Sie beschloß, das gewagte Unternehmen zu finanzieren.

Wie lange sah Kolumbus kein Land?

Am frühen Morgen des 3. August 1492 stach eine kleine Flottille in See. Kolumbus hatte drei Schiffe erhalten, die *Niña*, die *Pinta* und die *Santa Maria*. Zunächst steuerten sie die Kanarischen Inseln an, wo die Vorräte ergänzt wurden. Am 5. September besuchten Christoph Kolumbus und seine Matrosen noch einmal einen Gottesdienst. Drei Tage später sahen die Männer die Inseln am Horizont versinken.

6. Oktober 1492: Vor fast fünf Wochen waren sie von den Kanarischen Inseln losgesegelt. Riesige Vogelschwärme flogen über die Schiffe. Bald darauf sichtete man von der Niña aus einen Gegenstand, der im Wasser trieb. Es war ein Teil von einem grünen Busch, eine Landpflanze. Die Matrosen der Pinta fischten ein Stück Holz aus dem Wasser, an dem ganz offensichtlich ein Mensch herumgeschnitzt hatte. Indien mußte ganz nah sein, und doch sahen sie nur Wasser bis zum Horizont.

Endlich – ganz spät am 11. Oktober, es war schon Nacht, aber der Mond schien hell: „Land, Land in Sicht!" Ein Matrose der Pinta sah als erster den weißen Sandstrand, der vor ihnen lag. Kolumbus befahl, die Segel einzuholen, damit die Schiffe nicht in der Dunkelheit auf ein Riff laufen konnten.

Wo war Kolumbus gelandet?

Den Morgen konnten die Matrosen kaum erwarten. Doch schließlich war die Nacht zu Ende, und alle sahen, daß sie wirklich Land erreicht hatten. Am 12. Oktober 1492 ging Christoph Kolumbus als erster ans Ufer. Er nahm die fremde Küste für Spaniens König in Besitz. Dem Land gab er den Namen *San Salvador*. In der Spra-

Kolumbus bei seiner Landung vor den Westindischen Inseln mit den Schiffen Niña, Santa Maria und Pinta (von links nach rechts)

che der Eingeborenen hieß die Insel *Guanahani*.

Die Bewohner nannte Kolumbus Indianer, da er glaubte, Indien erreicht zu haben. Sie beobachteten die Feierlichkeiten und näherten sich vorsichtig. Die Spanier schenkten ihnen rote Mützen und Glasperlen. Die Indianer freuten sich wie kleine Kinder über die eigentlich wertlosen Gegenstände. Sie waren freundliche und friedfertige Menschen. Werkzeuge und Waffen aus Eisen waren ihnen völlig fremd.

Schon bald mußte Kolumbus erfahren, daß es auf dem neuentdeckten Land keine Reichtümer gab, wie man sie von Indien und Japan her kannte. Etwas weiter südlich, so erklärten die Indianer, liege aber ein sehr reiches Land. Kolumbus' Schiffe steuerten daraufhin noch einige weitere Inseln an, mußten aber schließlich ohne die erhofften Goldschätze nach Spanien zurückkehren.

Wie oft fuhr Kolumbus in die Neue Welt? Nach dem Erfolg seiner Fahrt erhielt Kolumbus auf seiner zweiten Reise das Kommando über eine Flotte von siebzehn Schiffen. Auf seiner dritten und vierten Entdeckungsfahrt war es ähnlich. Auf seinen Expeditionen steuerte er meistens die dem amerikanischen Kontinent vorgelagerten Inseln an. Erst bei seiner letzten Reise er-

1 Kammer von Kolumbus
2 Achterdeck
3 Drehbasse
4 Ruderpinne
5 Offizierskoje
6 Lebensmittel
7 Wasserfässer
8 Geschütz
9 Riemen und Spieren
10 Feuerstelle
11 Pumpen
12 Schiffslast
13 Löschbords
14 Beiboot
15 Hauptdeck
16 Transportables Gangspill

Aufriß der Niña. Diese Karavelle benutzte Kolumbus auf der Rückfahrt seiner ersten Entdeckungsreise, nachdem die Santa Maria vor Hispaniola aufgegeben werden mußte. Die Niña war 21 Meter lang und ca. 7 Meter breit. Sie konnte etwa 51 Tonnen Fracht aufnehmen.

reichte er das amerikanische Festland. Immer brachte er neue, außergewöhnliche Dinge mit nach Europa: Papageien und andere Tiere, Baumwolle und Holzschnitzereien, schließlich sogar Gold. Bestaunt wurden in Europa einige Eingeborene, die er aus dem fernen Land mit sich führte.

Kolumbus gilt heute als der Entdecker Amerikas, wenngleich er erst auf seiner vierten Fahrt das amerikanische Festland betrat. Er selbst wußte nie, daß er einen neuen Kontinent entdeckt hatte. Kolumbus glaubte bis zu seinem Tod, Indien in westlicher Richtung erreicht zu haben.

Davon zeugen noch heute die Namen, die Kolumbus den von ihm entdeckten Inseln und ihren Bewohnern gab: Auf den Inseln die er „Westindische Inseln" nannte, lebten nach seiner Ansicht

„Indianer". Beide Bezeichnungen sind eigentlich völlig unpassend, da Indien ziemlich genau auf der anderen Seite der Erdkugel liegt. Sie sind aber bis jetzt gebräuchlich.

Nach wem wurde Amerika benannt?

Er zählt nicht zu den bekanntesten und größten Entdeckern, und dennoch trägt der vor 500 Jahren entdeckte Doppelkontinent seinen Namen: *Amerigo Vespucci* wurde 1451 in *Florenz* in Italien geboren. Wie Kolumbus fuhr auch er für ein anderes Land zur See, nämlich für Portugal. Er unternahm in den Jahren zwischen 1499 und 1502 mehrere Fahrten in die mittel- und südamerikanischen Küstengewässer. Vespucci hat dabei eigentlich keine neuen Inseln und erst recht keinen neuen Kontinent entdeckt, wenngleich er als einer der ersten das Festland betrat.

Seine Entdeckung war eine andere. Amerigo Vespucci stellte fest, daß die neu entdeckten Länder einen bis dahin unbekannten Kontinent von gewaltiger Größe bildeten. Er hatte in Sevilla Kartographie studiert und kannte sich deshalb gut aus. Und er konnte sein Wissen gut verkaufen: Seine Reiseberichte erweckten den Anschein, als habe er alleine die Neue Welt entdeckt. Nach seinem Vornamen bezeichnete der deutsche Geograph *Martin Waldseemüller* in einem 1507 veröffentlichten Kartenwerk die neuen Länder erstmals als „America".

Warum suchte man überhaupt einen Seeweg nach Indien?

Einer der wichtigsten Männer in der Entdeckungsgeschichte war der portugiesische *Prinz Heinrich* – obwohl er gar kein Entdecker war. Er richtete eine Seefahrerschule ein, in der die Kunst der Navigation und vieles mehr gelehrt wurde. Wenngleich er selber nie zur See gefahren ist, erhielt er wegen seiner Verdienste den ehrenvollen Beinamen „der Seefahrer". Sein Ziel war, das reiche Indien auf dem Seeweg zu erreichen.

Bisher waren die Händler immer auf dem langsamen und beschwerlichen Landweg unterwegs. Im Nahen Osten, den sie dabei durchqueren mußten, gab es oft Kriege. Die Reise war daher auch recht gefährlich. Einmal hatten die Araber die Durchfahrt nach Indien ganz gesperrt. Sie verkauften dann die Gewürze, die sie den Händlern abgenommen hatten, mit großem Gewinn nach Europa. Falls er einen neuen Seeweg nach Indien finden würde, so der Plan von Heinrich dem Seefahrer, wären alle diese Schwierigkeiten mit einem Schlag gelöst.

Der Gedanke, um Afrika herum zu fahren, schien damals vollkommen verrückt zu sein. Die Seeleute erzählten sich, daß südlich von *Kap Bojador* die Welt zu Ende sei. Weder Tiere noch Pflanzen gebe es dort und kein Trinkwasser; es hieß sogar, daß das Meer kochen würde.

Amerigo Vespucci, nach einem zeitgenössischen Gemälde

Ende August 1487 verließ Bartholomëu Diaz mit drei Schiffen den Hafen von Lissabon.

Wer erreichte als erster die Südspitze Afrikas?

Tatsächlich ist Kap Bojador nur ein kleiner Landvorsprung. Erst im Jahr 1434 umsegelten zwei Schiffe die gefürchtete Landspitze. Nur sehr langsam und zögernd tasteten sich Seefahrer weiter nach Süden vor. Sie erkannten, daß die Länder jenseits von Kap Bojador keinesfalls so lebensfeindlich waren, wie immer behauptet wurde.

Einer von ihnen war *Diego Cão*. Er fuhr die Westküste Afrikas hinunter bis zum *Kap Cross*, das schon weit südlich des Äquators liegt. So weit war zuvor noch nie ein Europäer gekommen – jedenfalls glaubten das die Menschen der damaligen Zeit. Die Fahrten des Diego Cão sind für uns deshalb so genau zu verfolgen, weil er an wichtigen Punkten große Steinkreuze aufstellen ließ.

Wenige Jahre später, im Februar 1488, erreichte ein anderer portugiesischer Seefahrer tatsächlich die Südspitze Afrikas: *Bartholomëu Diaz*. Nach einem schrecklichen Sturm, der dort wütete, nannte Diaz die Landspitze Sturmkap. Später änderte der portugiesische König den Namen um; fortan hieß es *Kap der Guten Hoffnung*. Hier meuterte die von der langen Fahrt erschöpfte Besatzung von Diaz' Schiffen. Sie zwangen ihn zur Umkehr, obwohl der lang ersehnte und gesuchte Seeweg nach Indien nun vor ihnen lag.

Drei Jahre zuvor hatte der portugiesische König dem Plan des Christoph Kolumbus eine Absage erteilt. Eine richtige Entscheidung, wie es schien. Trotzdem drängte die Zeit: Kolumbus hatte seine Idee, Indien in westlicher Richtung erreichen zu wollen, inzwischen der spanischen Königin unterbreitet. Spanien und Portugal waren in jener Zeit die schlimmsten Konkurrenten und die ärgsten Feinde.

Wie kam Vasco da Gama nach Indien?

Die Portugiesen verfolgten nun mit Nachdruck ihr Ziel, mußten aber zunächst neue Schiffe für weitere Entdeckungsfahrten bauen. Unterdessen war Kolumbus von seinen beiden ersten Reisen zurückgekehrt, und es wurde immer klarer, daß er sein Ziel verfehlt hatte, nämlich Indien zu erreichen. Den Oberbefehl für das nächste portugiesische Unternehmen erhielt ein junger Kapitän namens *Vasco da Gama*. Mit vier Schiffen und 150 Matrosen machte er sich im Juli 1497 auf den Weg nach Indien.

Vasco da Gama hatte sich dazu entschlossen, Afrika in weitem Bogen zu umfahren. Schon oft war von Gefahren

Großes Bild: Bartholomëu Diaz nannte die Südspitze Afrikas wegen der stürmischen Umsegelung „Kap der Stürme". Der portugiesische König taufte es später „Kap der Guten Hoffnung".

Kleines Bild: Die gepunktete Linie zeigt die Route zum Kap der Guten Hoffnung und nach Indien. Rote Vierecke: Orte, an denen Diaz Station machte; schwarze Punkte: Stationen da Gamas.

Das wenig abwechslungsreiche Essen der Seeleute

zu hören gewesen, die in den afrikanischen Küstengewässern lauerten. Nach mehreren Monaten auf hoher See sahen sie zum erstenmal wieder Land, ganz nahe der Südspitze Afrikas. Am 22. November 1497 umrundeten sie das Kap der Guten Hoffnung.

Vasco da Gama ging hier an Land, um die Gegend für Portugal in Besitz zu nehmen und seine Vorräte zu ergänzen. Die Männer waren nach der monatelangen Seefahrt sehr erschöpft; es gab unter der Besatzung der Schiffe sogar mehrere Fälle von *Skorbut*.

Damals wußte man noch nichts über die Ursachen des Skorbut. Man hatte aber die Erfahrung gemacht, daß frische und abwechslungsreiche Ernährung die Krankheit heilen kann. Die geschwächte Besatzung erholte sich aber nur langsam, und Vasco da Gama beschloß, an einem günstigen Ort eine längere Pause einzulegen.

Seine Schiffe fuhren entlang der Ostküste Afrikas in nordöstlicher Richtung bis *Malindi*, wo sie freundlich aufgenommen wurden. Erst hier konnten sich die Skorbutkranken endgültig erholen.

Mangelkrankheit Skorbut

Skorbut ist eine sehr schwere Vitamin-C-Mangelkrankheit, die oft bei Menschen auftrat, die sich auf langen Seereisen befanden. Die Krankheit äußerte sich zunächst lediglich durch Hautblässe und Müdigkeit. Später lockerten sich dann die Zähne; schließlich fielen sie einfach aus. Die von Skorbut befallenen Männer hatten häufiger Blutergüsse, ihre Verletzungen heilten oft nicht mehr. Viele Matrosen starben schließlich an Skorbut.

Diese schlimme Krankheit bekommt man, wenn man kein Obst und Gemüse ißt. Solche Nahrungsmittel konnte man früher nicht auf Segelschiffen mitnehmen. Sie blieben nicht frisch. Der Laderaum war knapp, und die übliche Verpflegung der Mannschaft – Brot und Fett – war leichter einzulagern und benötigte weniger Platz.

Nachdem man den Zusammenhang zwischen Skorbut und Mangelernährung erkannt hatte, wurde die Seemannskost umgestellt. Zitronen und Sauerkraut waren lange frisch zu halten und bequem zu lagern. Matrosen, die regelmäßig davon aßen, blieben von der Mangelkrankheit Skorbut verschont.

Die Windverhältnisse im Indischen Ozean und ihre Auswirkung auf die Dauer der Fahrten Vasco da Gamas

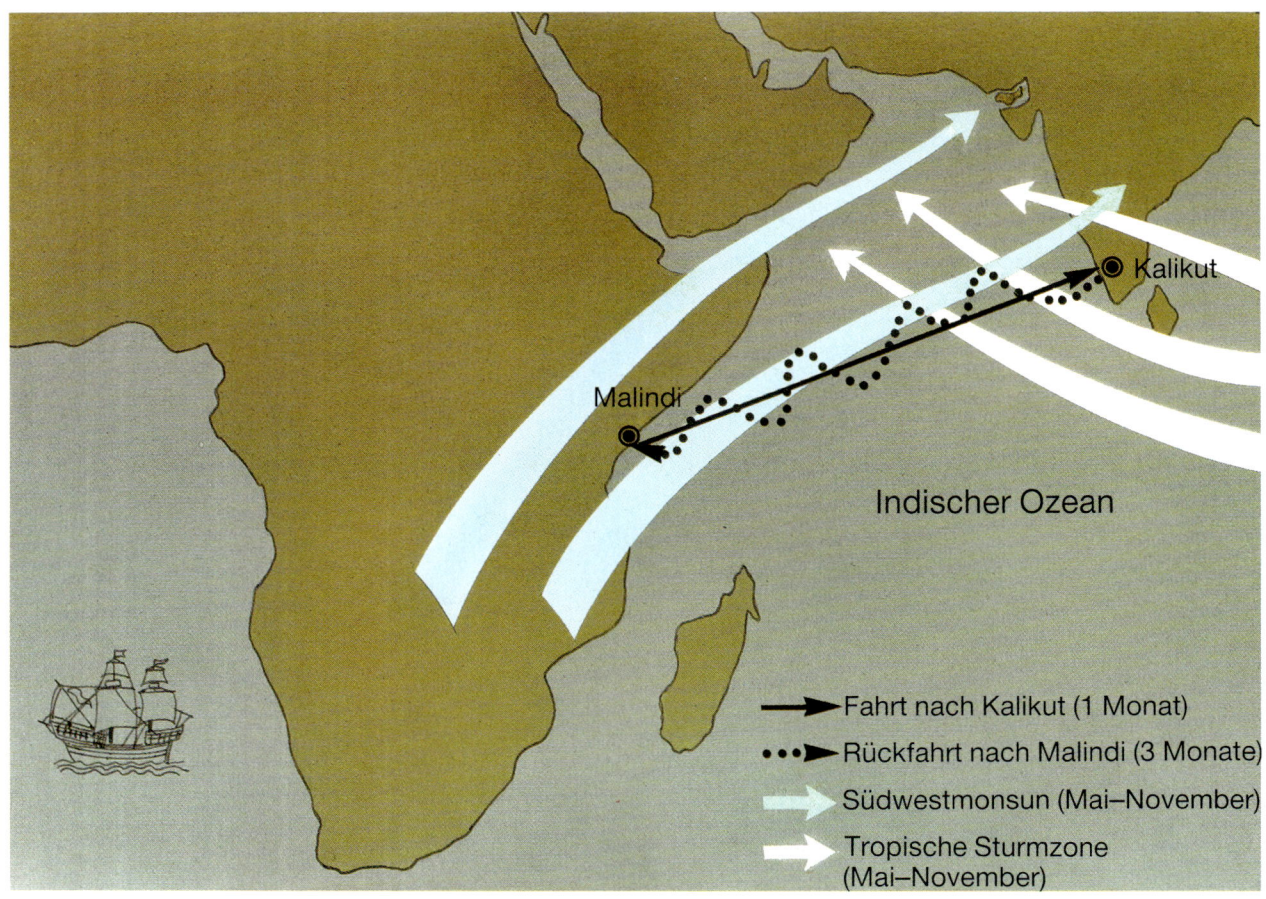

Was erlebten die Portugiesen in Indien?

Am 24. April 1498 begann der letzte Teil der Fahrt. Ein gleichmäßiger Wind blies sie genau auf Indien zu. Als sich die Matrosen darüber wunderten, erläuterte ihnen ein indischer Lotse die Windverhältnisse, die hier herrschten.

Immer im Frühjahr, so berichtete er, wehe dieser beständige Südwestwind, während im Herbst ein ebenso gleichmäßiger Nordostwind vorherrsche. Deshalb sei es vorteilhaft und allgemein üblich, im Frühjahr von Afrika nach Indien und im Herbst in die entgegengesetzte Richtung von Indien nach Afrika zu reisen. Man könne dann mit einer bequemen Überfahrt rechnen.

Es wurde tatsächlich eine schnelle und angenehme Reise. Schon weniger als einen Monat nach der Abfahrt von Malindi war die indische Küste erreicht. Vasco da Gama schickte zunächst einen einzelnen Kundschafter an Land. Wie befürchtet, waren die arabischen und indischen Kaufleute sehr wütend über das plötzliche Erscheinen portugiesischer Schiffe. Man fürchtete die Konkurrenz, denn der Handel mit Waren aus Indien war sehr einträglich.

Vasco da Gama versuchte es mit Diplomatie. Er bezeichnete sich als „Gesandter des Königs von Portugal" und wurde vom Herrscher von *Kalikut* empfangen. Dem Radscha, so der indische Fürstentitel, gefielen die mitgebrachten Geschenke allerdings nicht: Sie waren ihm nicht kostbar genug. Er ließ Vasco da Gama und seine Männer vorübergehend gefangennehmen. Wieder auf freiem Fuß, setzten sie so schnell wie möglich die Segel und fuhren los.

Wann kehrte da Gama nach Europa zurück?

Da sie zur „falschen" Jahreszeit den Indischen Ozean überquerten, mußten sie gegen den Wind segeln. Drei Monate brauchten sie für die Rückfahrt nach Malindi. Auf dieser Fahrt starben so viele Matrosen an Entkräftung, daß Vasco da Gama eines der Schiffe versenken ließ, weil es von den verbliebenen Männern nicht mehr gesteuert werden konnte.

Der König von Portugal bereitete ihm einen großen Empfang. Er ernannte ihn zum „Admiral des Indischen Ozeans", denn er war der erste Europäer, der Indien auf dem Seeweg erreicht hatte.

Warum nahm Vasco da Gama den weiten Weg um Afrika?

Vasco da Gama wußte sicherlich schon, daß die Erde rund ist. Warum aber segelte er trotzdem den weiten Weg um Afrika herum? Warum versuchte er es nicht in westlicher Richtung, wie es auch Christoph Kolumbus getan hatte? Das hat vor allem mit der Rivalität zu tun, die zwischen Spanien und Portugal zu dieser Zeit bestand. Und für eine Weile schien es, als würde es zu einem Krieg zwischen Spanien und Portugal um die Aufteilung der Welt kommen.

Dem Streit dieser beiden Länder bereitete schließlich Papst *Alexander IV.* ein Ende. Er teilte die Erde mit einem Federstrich in zwei Hälften auf: Er nahm eine Landkarte und zog eine Linie entlang des 46. westlichen Längengrads. Alle Länder westlich dieser Linie wurden dem spanischen Einflußbereich zugesprochen, Gebiete östlich dieser Linie durften dagegen nur von portugiesischen Seefahrern angesteuert werden. Dieses Abkommen heißt nach der Stadt, in der es geschlossen wurde, *Vertrag von Tordesillas.*

Er wurde im Jahr 1494 unterschrieben, also kurz nachdem Kolumbus von seiner ersten Reise zurückgekehrt war. Kolumbus glaubte, er habe in westlicher Richtung Indien erreicht. Vasco da Gama mußte sich deshalb nach Osten wenden und Afrika umschiffen, um nach Indien zu kommen und trotzdem den Vertrag einzuhalten. Denn nach dieser willkürlichen Aufteilung der Welt hätten die Portugiesen nur dann die Möglichkeit gehabt, Kolonien zu gründen, wenn sie Indien im Osten erreicht hätten.

Auf der Rückfahrt starben viele Matrosen an Entkräftung.

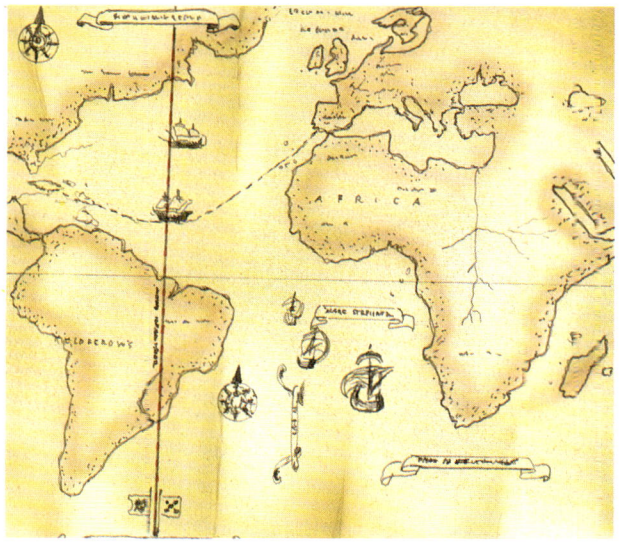

Dieser Ausschnitt aus einer Weltkarte von 1529 zeigt die senkrechte Grenzlinie, durch die im Vertrag von Tordesillas im Jahr 1494 die Welt in zwei Hälften aufgeteilt wurde. Die Karte enthält zudem die Route von Christoph Kolumbus nach Amerika.

Durch die endlosen Weiten der Ozeane

Wurde der Pazifische Ozean „zu Fuß" entdeckt?

Vasco Núñez de Balboa war kein Entdecker, sondern vielmehr ein skrupelloser Abenteurer. Er hatte auf *Haiti* als Pflanzer gearbeitet und soviel Schulden gemacht, daß er das Geld nie im Leben hätte zurückzahlen können. Als blinder Passagier verließ er schleunigst die Insel. Er hatte Glück, denn er wurde vom Kapitän des Schiffes weder über Bord geworfen noch aufgehängt, sondern freundlich aufgenommen, weil Balboa sich rücksichtslos gegen die aufmüpfige Mannschaft durchsetzen konnte. So wurde aus dem verschuldeten Pflanzer über Nacht der Expeditionsleiter.

Es war ein großer Erfolg für Balboa, als er auch noch zum Gouverneur einer kleinen Stadt in *Kolumbien* ernannt wurde. Von Indianern erfuhr er eines Tages, daß es im Westen ein riesiges Meer gäbe, das noch nie ein Weißer gesehen habe.

Sofort begann Balboa mit der Zusammenstellung der Mannschaft für eine Expedition. Schon am nächsten Morgen hatte er 190 abenteuerlustige Männer versammelt. Einige hundert Indios nahm er als Lastenträger mit, zusätzlich ein Dutzend Bluthunde als Schutz gegen feindliche Indianer. Es wurde ein entsetzlicher Marsch. Die Männer hatten Sümpfe mit Alligatoren und Wasserschlangen zu durchqueren. Skorpione, Tausendfüßler und Moskitos setzten ihnen zu. Manche wurden bei lebendigem Leib von Ameisen zerfressen.

Schließlich stürmte Balboa voraus und kämpfte sich allein einen Berg hoch. Oben angekommen, sah er in der Ferne ein sich endlos ausbreitendes Meer. Man schrieb den 29. September des Jahres 1513: Balboa sah als erster Weißer den Pazifischen Ozean vom amerikanischen

Am 1. September 1513 brach Vasco Núñez de Balboa zu einem Gewaltmarsch durch den südamerikanischen Urwald auf.

Kontinent aus. Drei Tage später – nach strapaziösem Marsch – standen Balboa und seine erschöpfte Mannschaft am Ufer dieses riesigen Meeres. Der Pazifische Ozean war gleichsam „zu Fuß" gefunden worden. Von mehreren hundert Männern, die einige Wochen vorher auf den Marsch durch den gefährlichen Urwald aufgebrochen waren, waren noch 69 übrig.

Ist der Pazifik wirklich ein „Stiller Ozean"?

Der *Pazifische Ozean* ist das Meer zwischen Nord- und Südamerika im Osten und Asien und Australien im Westen. Er bedeckt beinahe ein Drittel der Erdoberfläche, nämlich 181 Millionen Quadratkilometer. Er ist auf unserer Erde das größte Meer, ungefähr fünfhundertmal so groß wie Deutschland. Balboa bezeichnete den Ozean nach der Entdeckung als *Südsee*. Als der Weltumsegler *Fernão de Magellan* den Ozean später befuhr, muß das Meer ganz besonders ruhig gewesen sein. Es erhielt den Namen „Pazifischer Ozean". Wir bezeichnen ihn kurz als Pazifik. Das Wort kommt aus dem Lateinischen und bedeutet soviel wie „friedlich und still". Manchmal wird der Pazifik deshalb auch „Stiller Ozean" genannt. In Wirklichkeit ist er ein besonders rauhes und stürmisches Meer.

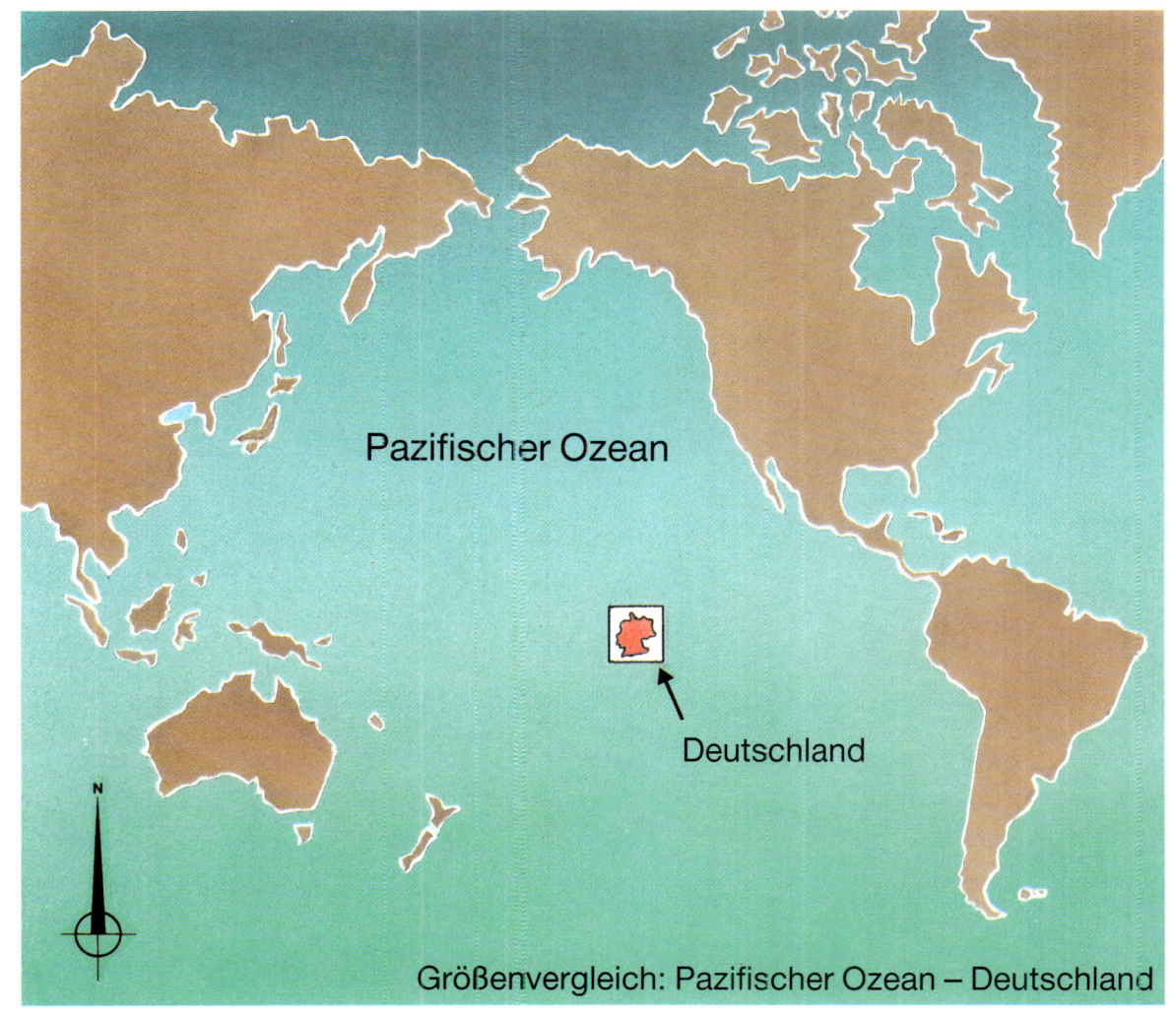

Größenvergleich: Pazifischer Ozean – Deutschland

Wer war der erste Weltumsegler?

Der Gedanke, daß man von Europa in westlicher Richtung Asien erreichen konnte, war also richtig. Als Kolumbus seine erste Fahrt unternahm, war jedoch nicht bekannt, daß ein riesiger Kontinent den Weg dorthin versperrte. Die Entdeckungen von Amerigo Vespucci und Vasco Núñez de Balboa brachten die entscheidenden Erkenntnisse: Man mußte weit im Norden oder Süden um Amerika herum fahren, um nach Asien zu gelangen. Der südliche Weg schien der günstigere, denn im Norden reichte der Kontinent bis ins ewige Eis.

Den Beweis, daß man wirklich rund um die Erde fahren kann, erbrachte *Fernão de Magellan*. Er war der Sohn eines portugiesischen Edelmannes. Seine Eltern starben früh, und Fernão kam als Page an den Hof des Königs. Im Dienste des Monarchen fuhr er später zur See. Wegen seiner Tapferkeit brachte er es schnell zum Offizier. Doch bei einem Gefecht wurde er schwer am Knie verletzt. Das Bein blieb steif. Magellan wurde aus der Armee entlassen. Er fragte noch, ob es ihm gestattet sei, in einem andern Land Dienst zu tun, da man ihn in Portugal offenbar nicht mehr brauche. Der König antwortete: „Das ist mir ganz gleichgültig!"

Wie war Magellans Plan?

So kam es, daß sich Magellan im Jahre 1517 an Spanien wandte. Er hatte die Idee, um die ganze Welt zu segeln. Daß Amerika sich von Norden nach Süden über die ganze Erdkugel erstrecken sollte, hielt er für ausgeschlossen. Er vermutete eine Durchfahrtsmöglichkeit etwa beim 40. südlichen Breitengrad. Tatsächlich wollte *Karl V.* von Spanien Magellan bei der Durchführung seines Planes unterstützen. Er sicherte ihm Schiffe und Proviant für zwei Jahre zu.

Am 20. September 1519 segelten fünf Schiffe los in Richtung Südwesten. Nach schneller und angenehmer Überfahrt erreichten sie vier Monate später die Bucht von *Rio de Janeiro* (sprich: Rio de Schanero) in Brasilien. Magellan war ungeduldig. Er segelte die Küste entlang nach Süden, um die Durchfahrt zu finden. Zwei Wochen lang suchten sie die riesige Flußmündung des *Rio de la Plata* ab, bis sie feststellten, daß es sich nur um eine große Bucht handelte.

Was sind Patagonier?

Magellan ließ sich seine Unsicherheit nicht anmerken. Er gab den Befehl zur Weiterfahrt. Sie kamen nur sehr langsam vorwärts, denn jede Bucht wurde nach der erhofften Durchfahrt abgesucht. Eines der Schiffe ging dabei verloren. Eine erste Meuterei konnte Magellan niederschlagen.

Die Inschrift in diesem Bildnis von Fernão de Magellan lautet: „Überaus ruhmreicher Bezwinger der antarktischen Meerenge."

56

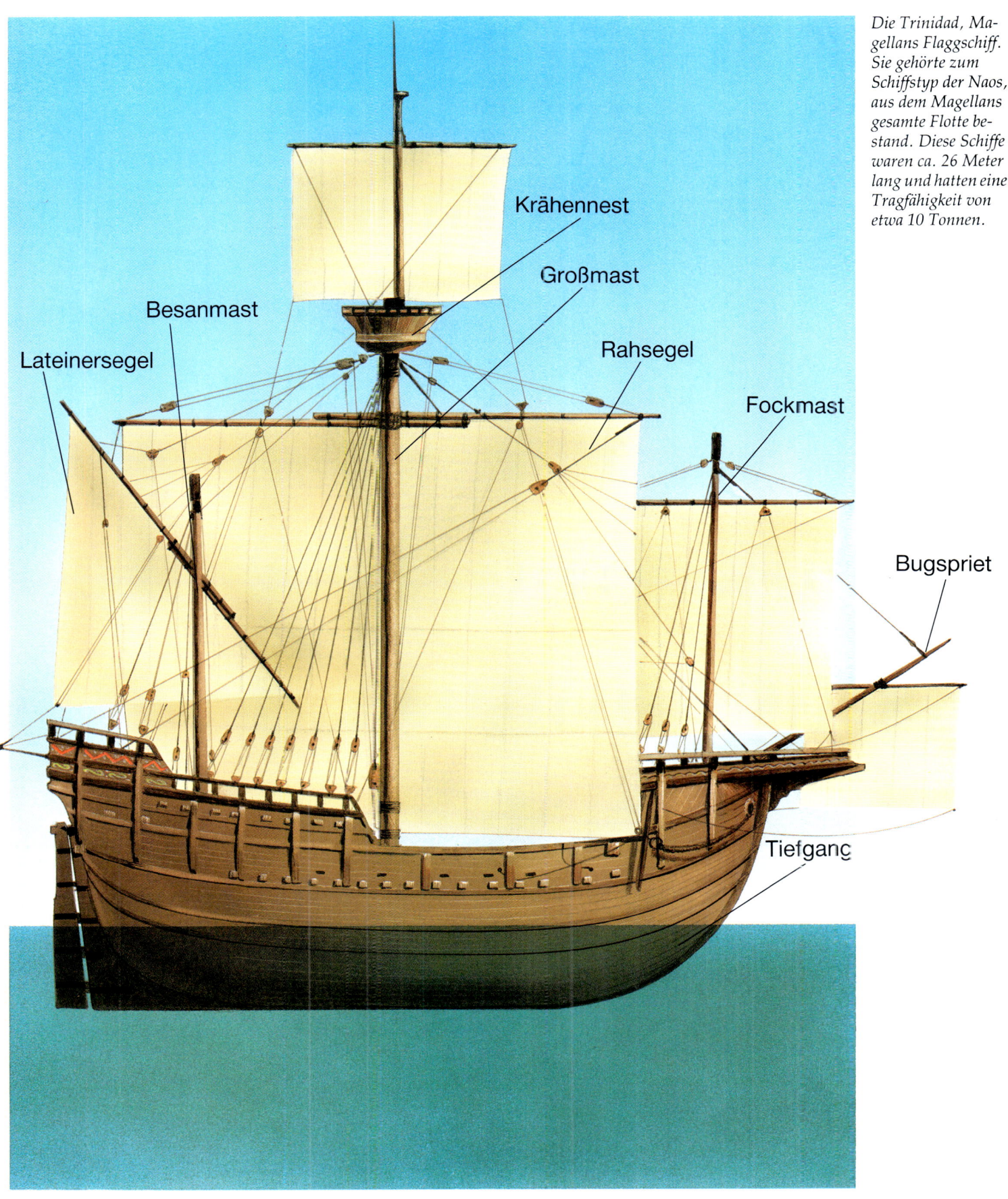

Die Trinidad, Magellans Flaggschiff. Sie gehörte zum Schiffstyp der Naos, aus dem Magellans gesamte Flotte bestand. Diese Schiffe waren ca. 26 Meter lang und hatten eine Tragfähigkeit von etwa 10 Tonnen.

Das Bordbuch von Magellans Schiff berichtet uns auch über die Ureinwohner in dieser Gegend Südamerikas. Sie seien groß gewesen – größer als die meisten Spanier – und sehr freundlich und fröhlich. Weil sie auch sehr große Füße hatten, nannten die Spanier sie *Patagonier*, was soviel bedeutet wie „Großfüßer". Noch heute heißt diese Region *Patagonien*. Ihre Ureinwohner sind aber weitgehend ausgestorben.

Wie fand Magellan den Pazifik?

Am 21. Oktober 1520 erreichten sie wieder eine große Bucht. Magellan schickte zwei der vier Schiffe aus, um sie zu erforschen. Er ließ ihnen fünf Tage Zeit. Ein schrecklicher Sturm brach los. Magellan glaubte schon, beide Schiffe seien verschollen, als sie mit der erlösenden Nachricht zurückkehrten: „Die Durchfahrt ist gefunden!"

Es war unheimlich. Kein Mensch war in dieser felsigen Landschaft zu sehen, nur nachts brannten viele Feuer an den steilen Südküsten. Deshalb nannten die Spanier diese Gegend *Feuerland*. Und die Durchfahrt zwischen Feuerland und Patagonien heißt nach ihrem Entdecker *Magellanstraße*. Sie ist 600 Kilometer lang, und es dauerte dreißig Tage, bis die Schiffe sie durchfahren hatten. Eines der Schiffe, das größte, kehrte um. „Kann man die Weiterfahrt jetzt noch wagen?" überlegte Magellan. „Das größte Schiff hatte auch den meisten Proviant an Bord. Das Wasser wird langsam knapp. Trotzdem: Wir wagen es!"

Endlich erreichte die kleine Flotte das offene Meer. Es schien den Spaniern so friedlich und still, daß sie es „mar pacifico", Stiller Ozean, nannten. Noch wußten sie nicht, was ihnen hier bevorstehen würde.

September 1519
Magellan sticht mit 5 Schiffen in See. Zwei Monate später sichtet er die Küste Brasiliens. Mehrere Monate vergehen, bis er zur Südspitze des Kontinents hinabfährt. Während einer Erkundungsfahrt geht die Santiago verloren.

Oktober 1520
Nach langem Suchen durchquert Magellan die Meeresstraße, die später nach ihm benannt wird. Die San Antonio läßt ihn dabei aber im Stich, denn auf halbem Wege kehrt sie um und segelt nach Spanien zurück.

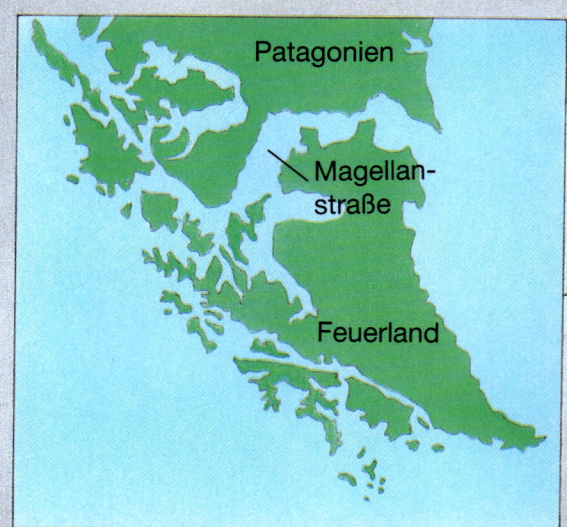

März 1521
Mit großen Verlusten gelangt die Flotte von 3 Schiffen auf die Philippinen. Dort stirbt Magellan.
Von einst 237 Mann leben nur noch 115.

November 1521
Nur die Vittoria und die Trinidad erreichen Magellans Ziel – die Molukken.

Februar 1522
Unter ihrer Ladung bricht die Trinidad auseinander und läuft auf Grund.

September 1522
Nach 3 Jahren erreicht die Vittoria als einziges Schiff mit 19 Mann den spanischen Heimathafen

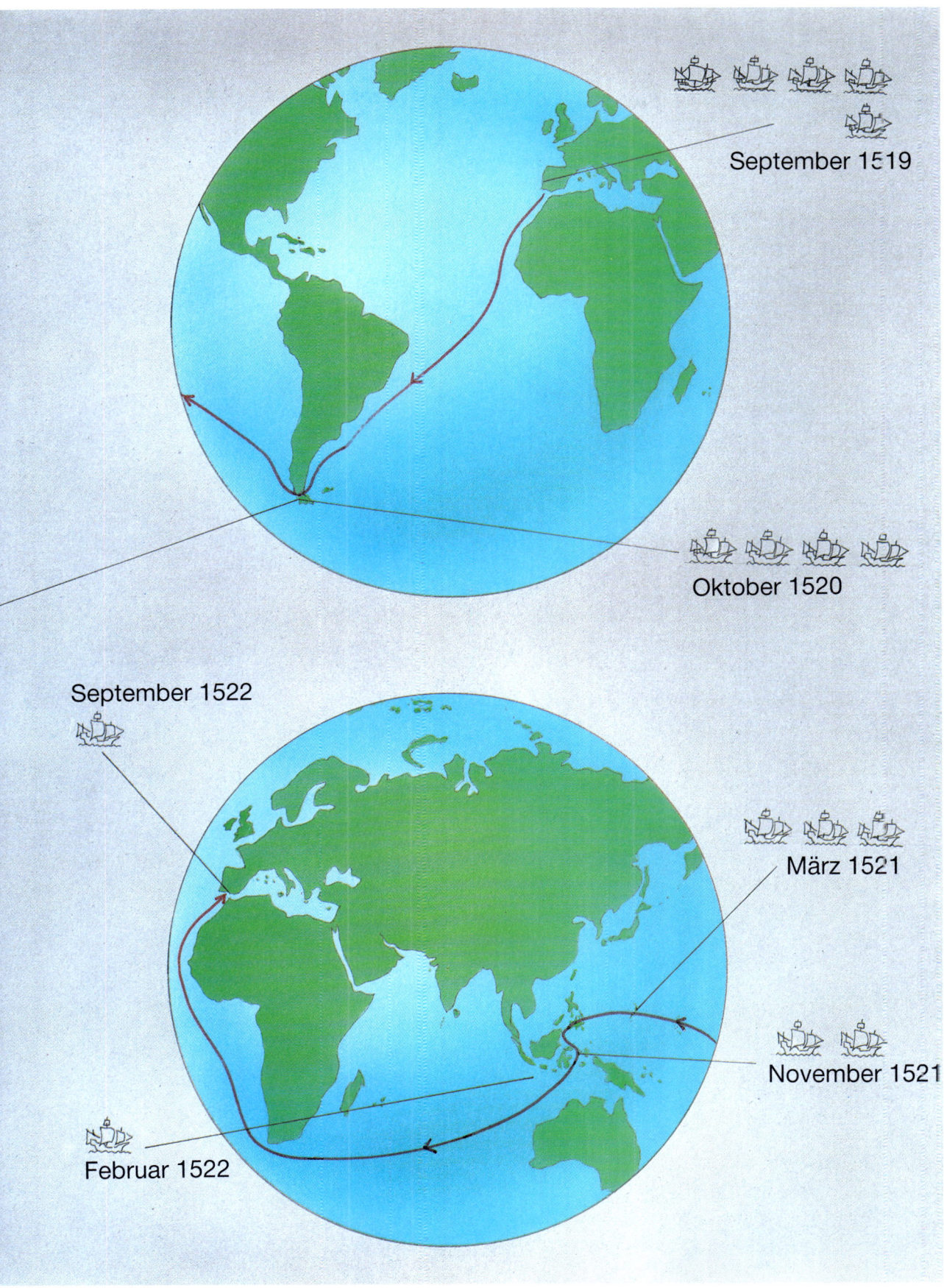

Die große Karte zeigt den Verlauf von Magellans Weltumsegelung.

Kleines Bild: Nach ihrem Entdecker heißt die Durchfahrt zwischen Feuerland und Patagonien an der Südspitze Südamerikas Magellanstraße.

Die Durchfahrt zum Pazifik ist gefunden. An den Ufern brennen die Feuer, die dem Landstrich den Namen gaben.

Wie lange sahen die Spanier kein Land?

Das Trinkwasser faulte, das Brot war voller Maden. Die Vorräte an Trockenfleisch waren verdorben. Ratten machten sich über die letzten Lebensmittel her. Bald kam die Mannschaft auf die Idee, die Nager selbst zu essen, um ihren Hunger zu stillen – immerhin war es frisches Fleisch. Auch die Lederteile wurden eingeweicht, gekocht und anschließend verspeist.

Der Pazifische Ozean ist riesig. Es dauerte 110 Tage, bis die Spanier endlich wieder Land sahen. Am 7. März 1521 ankerten sie bei einer Inselgruppe mit Kokospalmen und vielen Bananenbäumen. Alle waren gierig nach frischem Wasser und Obst.

Wenig später kam erneut Land in

Sicht. Magellan war vorsichtig: Wenn seine Berechnungen stimmten, hatten sie die *Molukken* erreicht, die lange gesuchten Gewürzinseln. Sie waren wenige Jahre zuvor von den Portugiesen besetzt worden. Tatsächlich waren sie auf bis dahin völlig unbekannte Inseln gestoßen, die *Philippinen*. Hier wurden sie freundlich aufgenommen. Endlich konnte sich die ganze Mannschaft erholen.

Kehrte Magellan im Triumph nach Europa zurück?

Auf der philippinischen Hauptinsel *Cebu* wurden die Spanier ebenfalls wohlwollend empfangen. Der dortige Herrscher schloß mit Magellan Brüderschaft und leistete sogar den Treueeid auf den König von Spanien. Bei einem großen Fest wurden viele hundert Ureinwohner zum Christentum bekehrt und getauft.

Der Häuptling der Nachbarinsel war jedoch nicht so gastfreundlich. Er weigerte sich, die Oberhoheit der Spanier anzuerkennen. Magellan geriet mit nur fünfzig Matrosen in einen Hinterhalt. Plötzlich standen sie 1500 Eingeborenen gegenüber. Der Kapitän befahl sofort den Rückzug, gleich darauf traf ihn ein vergifteter Pfeil. „Sie töteten unseren Spiegel, unser Licht, unseren Trost und unseren treuen Führer", notierte einer der Matrosen erschüttert. „Als sie ihn verwundeten, wandte er sich noch mehrere Male zum Ufer, um zu sehen, ob wir die Boote auch alle erreicht hätten."

So tragisch endete Magellans Leben. Es war ihm nicht vergönnt, im Triumph nach Spanien zurückzukehren. Die erste Umsegelung der Welt wurde mit den drei verbliebenen Schiffen von der übrigen Mannschaft weitergeführt. Doch nur ein einziges Schiff erreichte drei Jahre nach dem Aufbruch wieder den Heimathafen.

Wann betrat der erste Europäer Australien?

Australien wurde als letzter Kontinent von den Europäern „entdeckt". Schon vorher lebten jedoch Menschen dort. Wann die australischen Ureinwohner eingewandert sind, ist unbekannt. Auch den Zeitpunkt, an dem zum erstenmal ein europäisches Schiff in Australien anlegte, kennen wir nicht. Spätestens um 1600 dürften die Portugiesen und Holländer von Australien gewußt haben.

In den Jahren 1642 bis 1644 umsegelte der Holländer *Abel Tasman* Australien, ging jedoch nicht an Land. Er stieß aber auf weitere unbekannte Inseln. Das südlich von Australien gelegene *Tasmanien* wurde nach ihm benannt. Auf derselben Fahrt entdeckte er *Neuseeland*. Niemand weiß, weshalb Tasman Australien nur umsegelte und nicht an Land ging.

Wer ist der Erforscher der Südsee?

James Cook (sprich Dschäms Kuk) wurde am 27. Oktober 1728 geboren. Er stammte aus ärmlichen Verhältnissen. Dennoch schickten ihn seine Eltern zur Schule. Anschließend heuerte er als Schiffsjunge auf einem Kohlenschiff an.

James Cook war sehr ehrgeizig. Neben dem harten Dienst lernte er in jeder freien Minute. Er brachte sich umfangreiche Kenntnisse in Navigation, Vermessungskunde und Kartographie selbst bei, denn er wollte nicht sein ganzes Leben ein einfacher Matrose bleiben. Von seinem Lohn kaufte er sich Bücher.

Nach sieben Jahren stieg er zum Ersten Offizier auf. Gerade als er auch noch zum Kapitän befördert werden sollte, kündigte er seinen Dienst. Er glaubte, bei der Kriegsmarine schneller vorwärtskommen zu können. Und Cook hatte tatsäch-

James Cook erforschte den Südpazifik.

lich recht: Er wurde schnell befördert und bekam den Auftrag, größere Gebiete in Nordamerika genau zu vermessen. Mit einem umfangreichen Kartenwerk kehrte er nach England zurück. Dort erntete er viel Lob für seine Arbeit und bekam nun bald den Auftrag, das größte Meer der Welt zu erforschen.

Warum durchkreuzte James Cook den Pazifik? Der Pazifik war nach der Weltumsegelung Fernão Magellans schon häufiger befahren worden. Das Meer ist jedoch keineswegs so friedlich und still, wie Magellan und seine Männer am Anfang glaubten. Die wenigen Inseln, die man gefunden hatte, waren eher zufällig entdeckt worden.

Cooks Hauptaufgabe war es, unbekannte Inseln oder gar Kontinente in diesem riesigen Meer zu suchen. Viele Gelehrte vermuteten nämlich irgendwo im Südpazifik eine ähnlich große Landmasse wie auf der Nordhalbkugel der Erde. Zudem wurde an seiner Mannschaft ein neuer Ernährungsplan gegen den Skorbut ausprobiert. Zwar wußte man noch nichts über Vitamine, doch hatte man schon bemerkt, daß frisches Gemüse und Obst die Krankheit heilen konnten. In den Lagerräumen von Cooks Schiff wurden Malzextrakt und Karottenmarmelade, Sauerkraut und Fleischbrühe mitgeführt – eine völlig neuartige Verpflegung für damalige Verhältnisse.

Welche Routen befuhr James Cook? Am 26. August 1768 verließ Cooks Schiff, die *Endeavour* (sprich: Endewwer, auf deutsch „Bemühung") ihren englischen Heimathafen. Die Reise verlief ohne Schwierigkeiten. Sie umfuhren das *Kap Hoorn*, die Südspitze Amerikas, und erreichten am 10. April 1769 die Insel *Tahiti* mitten im Pazifik. Der neue Ernährungsplan war ein voller Erfolg: Kein einziger Matrose erkrankte unterwegs an Skorbut.

Auf der Suche nach dem sagenhaften Südkontinent stieß Cook auf Neuseeland. Hatte er den unbekannten Erdteil gefunden? Daß schon mehr als hundert Jahre vorher der Holländer Abel Tasman diese großen Inseln eher zufällig entdeckt hatte, war inzwischen in Vergessenheit geraten. Cook erforschte so lange die Küste, bis er sich sicher war, daß es sich um Inseln handelte.

Sein Schiff mußte dringend überholt werden, und deshalb wollte Cook sich auf den Rückweg nach England machen. Zuvor ging er aber in *Neuholland*, wie Australien damals genannt wurde, an Land und nahm es für England in Besitz. Dort sah er auch *Känguruhs.* In England

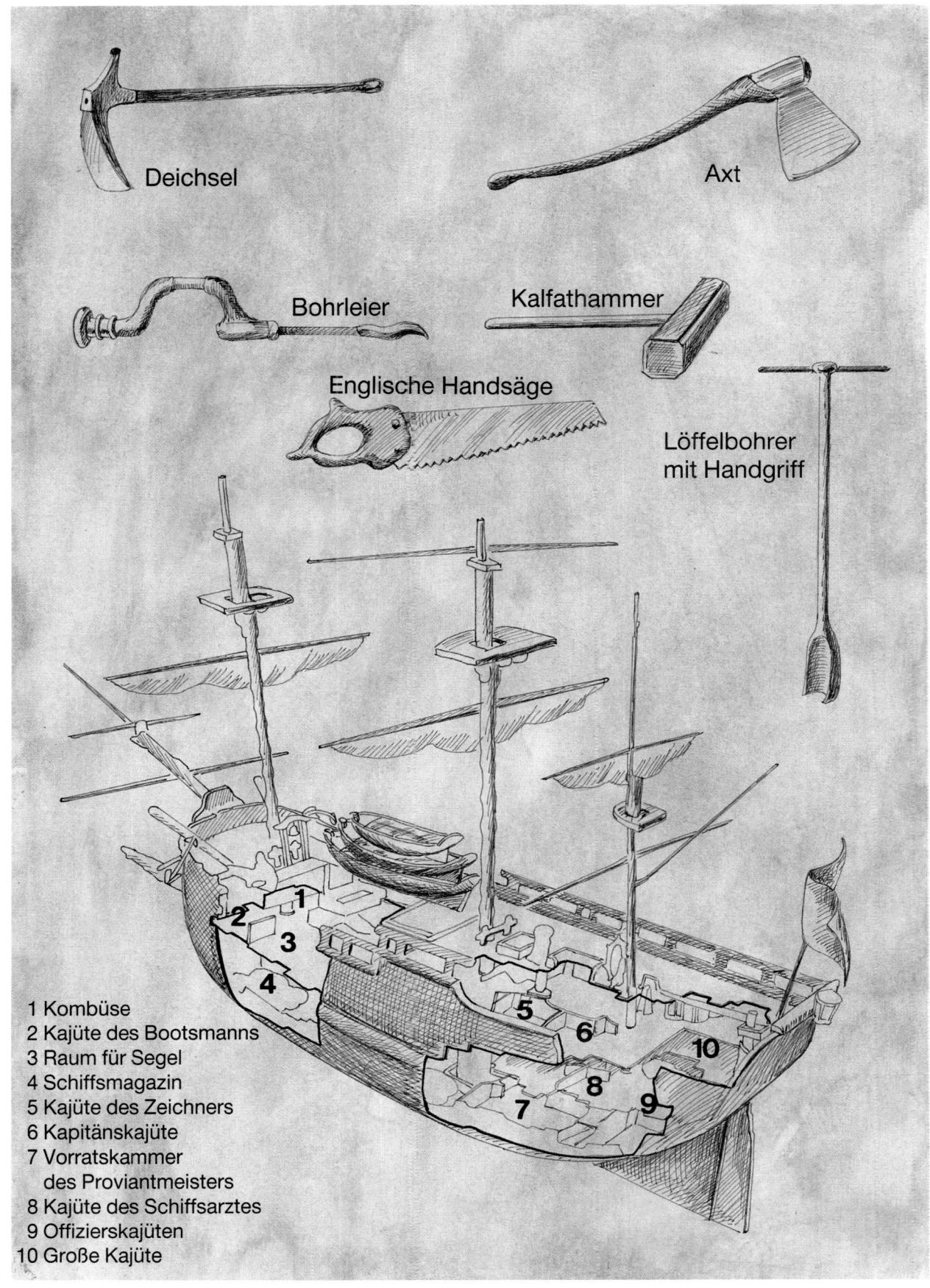

Oben: Die Werkzeuge eines Schiffszimmermannes

Unten: Aufriß der Bark Endeavour, einem zeitgenössischen Stich nachempfunden. Die Endeavour war ursprünglich ein Kohlenschiff, das für Cooks erste Tahiti-Expedition 1768 umgebaut wurde.

Dieses merkwürdige Lebewesen sah Cook in Australien.

gab es zwar schon Berichte über dieses Tier, doch glaubte man sie nicht. Ein merkwürdiges Lebewesen, das mit den Hinterbeinen hüpft wie ein Frosch und sich dabei mit dem Schwanz abstützt – das mußte einfach Seemannsgarn sein.

Auf der Rückfahrt geschah das Unglück, denn das Schiff lief auf ein Riff auf. Erst als die Flut einsetzte, konnte es befreit werden. Glücklich gelangten sie wieder an die australische Küste. Mit dem notdürftig reparierten Schiff konnte Cook um die halbe Welt nach England zurückkehren. Am 13. Juli 1771 lief das einstmals so schöne Schiff mit geflickten Segeln und ausgebessertem Schiffsrumpf in den Heimathafen ein.

Wie weit fuhr Cook nach Süden?

Genau ein Jahr später ging Cook auf seine zweite Reise. Diesmal sollte er mit zwei Schiffen das Südland finden. Ab dem Kap der Guten Hoffnung an der Südspitze Afrikas wollte er in östliche Richtung segeln, und zwar möglichst weit im Süden. Über Kap Hoorn und den Atlantik war dann die Rückkehr nach England geplant. Es wäre die erste Weltumsegelung in östliche Richtung gewesen.

Im Oktober 1772 erreichten sie das Kap der Guten Hoffnung. Hier nahm Cook noch einmal Verpflegung an Bord. Dann fuhr er weiter nach Süden. Im Dezember sichteten sie die ersten Eisberge: Riesengroß, bis zu zwanzig Meter hoch, ragten sie aus dem Wasser heraus. Am 17. Januar 1773 hatten sie sich bis zum 67. Breitengrad vorgearbeitet. Weiter im Süden war noch nie ein Mensch gewesen. Die Eismassen wurden immer dichter. Am 16. März kehrten die beiden Schiffe um, der Winter stand bevor. Vorher mußten sie unbedingt wärmere Gewässer erreichen, sonst wären Schiffe und Mannschaften rettungslos vom Eis eingeschlossen worden.

Cook und seine Mannschaften machten zunächst eine Pause auf Tahiti. Nach einigen Monaten unternahmen die Schiffe erneut einen Vorstoß weit nach Süden. Diesmal, am 30. Januar 1774, erreichten

Ein Eisberg, wie ihn Cook bei seiner Fahrt im Südpazifik antraf

Als Cooks Leute das Eis (im Bildhintergrund) sichteten, drehten sie sofort bei, um in wärmere Gewässer zu gelangen.

sie sogar 71 Grad südlicher Breite. Im Nebel ging das zweite Schiff verloren; erst in England würden sie es wiedersehen. Cook wußte, daß er nun nicht mehr allzuviel riskieren durfte. Er wollte auf keinen Fall, daß seine Aufzeichnungen verlorengingen. Am 30. Juli 1775, also nach drei Jahren, erreichte Cook mit seiner Mannschaft den Heimathafen.

Diese Reise hatte Klarheit gebracht: Es gab im Süden zwar eine große Landfläche, doch die war von Eis bedeckt und unbewohnbar. Sonst war auf der Erde kein einziger unbekannter Kontinent mehr verblieben.

War Cook der erste Europäer auf Hawaii?

Auch diesmal blieb Cook nur ein knappes Jahr in England. Dann ging er auf seine dritte Reise. Sein Auftrag war die Erkundung der Westküste Nordamerikas. Auf der Fahrt dorthin umrundete Cook erneut beinahe die ganze Erde. Über Südafrika, Tasmanien und Neuseeland ging es zunächst nach Tahiti. Von dort nahm er Kurs auf Nordamerika. Nach langer, ereignisloser Fahrt kam Land in Sicht.

War das schon Amerika? Die Inselgruppe, auf die James Cook gestoßen war, bezeichnen wir als *Hawaii-Inseln*.

Cook benutzte dieses Harrison-Kendall-Chronometer, um die Position seines Schiffs zu bestimmen.

Aus dem Erstaunen der Ureinwohner schloß er, daß hier noch nie Europäer mit ihrem Schiff gelandet waren.

Anfang Februar des Jahres 1778 brachen sie wieder auf und erreichten sechs Wochen später die Küste Nordamerikas, die James Cook erforschte. Sie fuhren weiter nach Norden, um nach einer Durchfahrt zum Atlantik zu suchen. Es war eine gefährliche Reise, denn hier im Norden des amerikanischen Kontinents gab es Klippen und Felsen. Einmal wären sie nachts beinahe auf eine Felsenküste aufgelaufen, wenn Cook nicht in letzter Sekunde Befehl zum Ankern gegeben hätte.

Wie endete Cooks letzte Fahrt? Einmal allerdings hat ihn diese Vorsehung verlassen. Sein Leben endete auf ähnlich tragische Weise wie das Fernão Magellans. Nachdem die nordamerikanische Küste erkundet und die Durchfahrt zum Atlantik durch das Packeis versperrt war, machte sich Cook auf den Rückweg. Wieder steuerte er Hawaii an. Diesmal waren die Ureinwohner erzürnt darüber, daß die Europäer schon wieder Nahrungsmittel wollten. Es kam zu einem Streit, den Cook schlichten wollte. Er ging an Land, um das Schlimmste zu verhindern – und wurde erstochen.

James Cook gilt zu Recht als Idealbild des Seefahrers schlechthin. Er hat den riesigen Pazifischen Ozean erforscht und eine Reihe von Inseln entdeckt. Den größten Eindruck machten in Europa aber seine Berichte über jene paradiesischen Inseln der Südsee, die ihm letztlich den Tod brachten. Nicht Handelsinteressen, die Eroberung fremder Länder und deren Reichtümer waren die Hauptmotive von James Cook. Er unternahm seine weiten Reisen aus rein wissenschaftlichen Gründen. Cook war einer der ersten Entdecker, die aus ihren Entdeckungen keinen wirtschaftlichen Vorteil ziehen wollten.

Diese Zeichnung stammt von dem Botaniker Sydney Parkinson, der Cook begleitete.

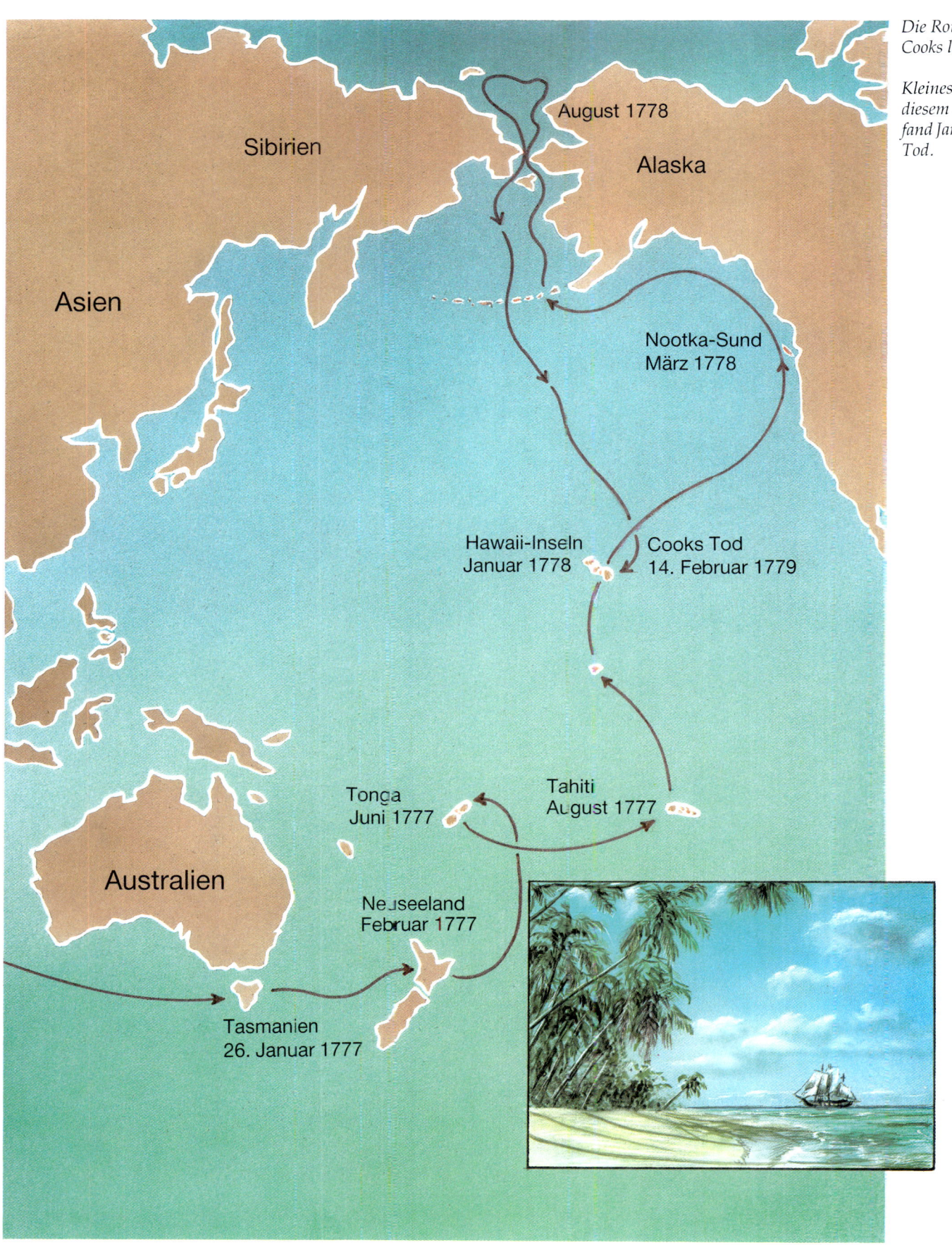

Die Route von Cooks letzter Fahrt

Kleines Bild: Auf diesem Inselparadies fand James Cook den Tod.

Das geheimnisvolle Innere der Kontinente

Waren die neu entdeckten Kontinente unbewohnt?

Schon bald nach ihrer Entdeckung wurden die neuen Länder von Europa aus besiedelt. Dabei gingen die Eindringlinge rücksichtslos und grausam vor. Beinahe überall litten die Ureinwohner unter den Übergriffen der Europäer. Oft wurden ganze Völker ausgerottet. Auf die Tasmanier etwa wurden regelrechte Menschenjagden veranstaltet, bis sie vollständig vernichtet waren. Nicht viel besser erging es den Patagoniern.

Nicht überall wurden die Ureinwohner natürlich auf derart brutale Weise verdrängt. Oft vertrieben europäische Siedler die alteingesessene Bevölkerung allmählich aus ihrem angestammten Lebensraum. In den neuen Wohngebieten fanden sich die Ureinwohner oft nicht mehr zurecht. Die Weißen bejagten die Tiere, von denen sie sich früher ernährt hatten. Weite Graslandschaften bildeten das Weidegebiet für riesige Rinderherden. Großgrundbesitzer und europäische Bauern beanspruchten das ehemalige Nutzland der Ureinwohner für Plantagen und Farmen.

Die Eingeborenen mußten sich in unfruchtbare, ja lebensfeindliche Gebiete

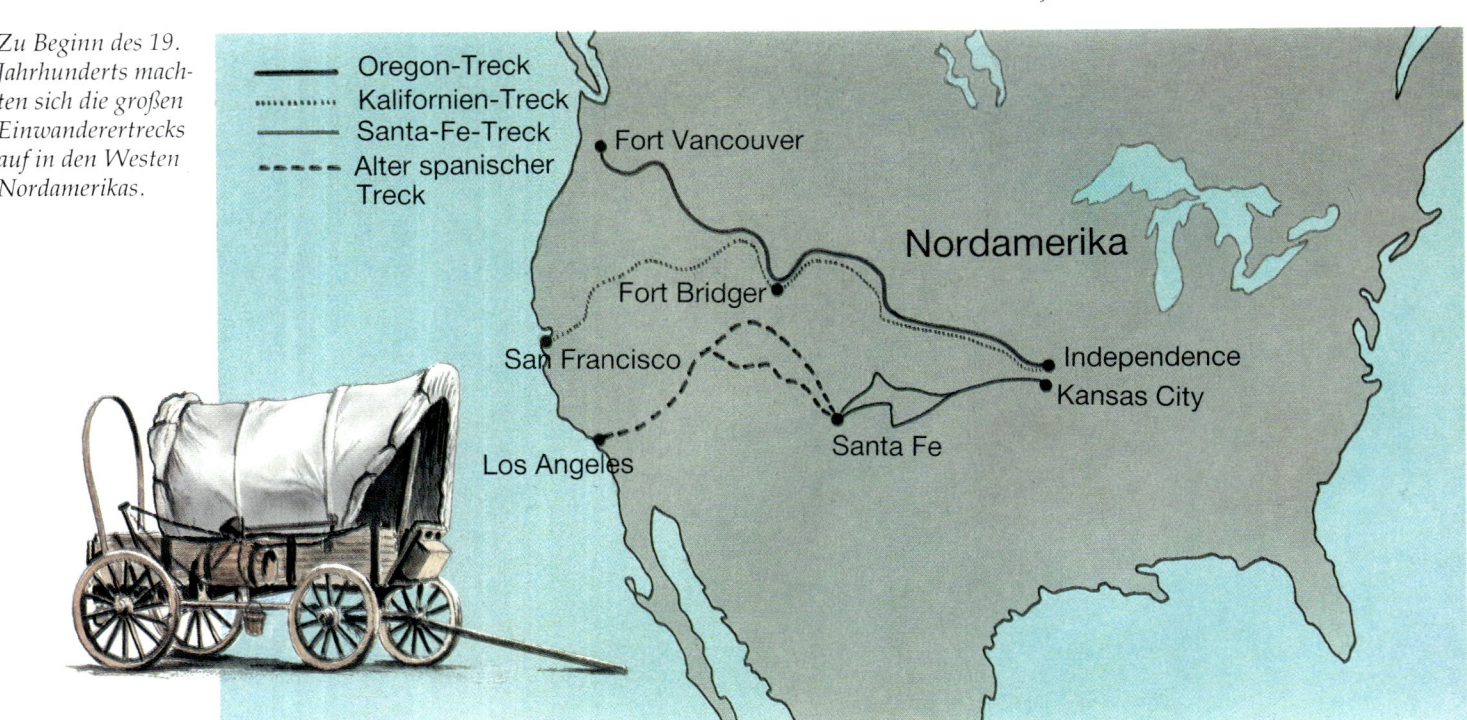

Zu Beginn des 19. Jahrhunderts machten sich die großen Einwanderertrecks auf in den Westen Nordamerikas.

Der Apachenhäuptling Geronimo (3. von rechts) setzte sich mutig zur Wehr gegen die Ausrottung der Indianer.

zurückziehen, wo sie langsam zugrunde gingen. Zudem wurden viele Ureinwohner von Krankheiten angesteckt, die sie bis dahin nicht kannten und gegen die sie auch keine Abwehrstoffe hatten.

Warum wurde Nordamerika am schnellsten besiedelt? Nach der Entdeckung Amerikas durch Christoph Kolumbus ging die weitere Entwicklung rasend schnell vor sich. Wenige Jahrzehnte später war eine Überfahrt nach Nordamerika nichts Außergewöhnliches mehr. Die Besiedlung Nordamerikas vollzog sich auch deshalb relativ schnell, weil Klima und Landschaft ähnlich sind wie in Europa.

Die Indianer Nordamerikas wollten ihren angestammten Lebensraum nicht einfach aufgeben. Sie setzten sich mutig gegen die Weißen zur Wehr, die Verträge brachen, auf ihrem Land siedelten oder die Bisons abschlachteten. Doch schließlich mußten sie aufgeben. Sie waren der Übermacht aus Europa und ihren modernen Waffen unterlegen. Heute leben nur noch wenige Indianer in Reservaten. Auf eine Wiedergutmachung oder Entschädigung für die entsetzlichen Grausamkeiten warten sie vergeblich.

Wie wurde das Inkareich unterworfen? Den mittel- und südamerikanischen Ureinwohnern wurden ihre Goldschätze zum Verhängnis. Mit List und Tücke hatte es *Hernando Cortez* schon 1521 geschafft, das mächtige Reich der Azteken zu vernichten. Seine kleine Streitmacht hatte Pferde und Kanonen und richtete ein Gemetzel unter dem 100 000 Mann starken Aztekenheer an. Die prächtige, riesige Hauptstadt *Tenochtitlán* wurde anschließend dem Erdboden gleichgemacht. Auf ihren Trümmern steht heute *Mexico-City*.

Während die Indianer Nordamerikas vor allem als Jäger und Sammler lebten, betrieben die Indianer in Südamerika sogar Ackerbau. In den Hochländern der *Anden* – einem langen Gebirgszug mit bis zu 7000 Meter hohen Gipfeln – hatten sie Terrassenfelder angelegt. Hier gab es reiche Hochkulturen mit Herrscherhäusern, die viel Gold besaßen. Vor allem wegen dieser unermeßlichen Goldschätze führten die Spanier grausame Eroberungsfeldzüge durch.

Das mächtigste Reich in Südamerika war das der *Inka*. Es befand sich ungefähr auf dem Gebiet des heutigen Staates Pe-

Eine Goldmaske der Inka

ru. Dem spanischen Eroberer *Francisco Pizarro* gelang es im Jahr 1533, mit 180 Mann das ganze Land zu unterwerfen. 30 000 Inkakrieger standen den Spaniern gegenüber. Auf ein Zeichen hin stürmten die Spanier aus ihren Verstecken mit ihren Feuerwaffen los. Im Tumult nahm Pizarro den Inkakönig *Atahualpa* gefangen. Pizarro versprach, den Herrscher wieder freizulassen. Einzige Bedingung: Die Inka mußten den Raum, in dem ihr Gottkönig gefangengehalten wurde, bis zur Decke mit Gold anfüllen. Aus allen Teilen des Landes schleppten die Indios Goldgegenstände herbei. Schließlich war das Zimmer voll. Jetzt brach Pizarro sein Versprechen und ließ Atahualpa umbringen. Mit dem führerlosen Volk hatte er anschließend leichtes Spiel.

Unter der Führung Pizarros wurden die Inka von den Spaniern unterworfen.

Warum blieb Afrika so lange unerforscht? Schon bald nach den Fahrten des Bartholomëu Diaz und Vasco da Gama gab es viele Stützpunkte an den Küsten Afrikas. Der dichte Urwald und die Wüsten erschwerten aber die Erforschung des Landesinneren.

Für die dunkelhäutigen Bewohner Afrikas bedeutete die Entdeckung und Eroberung ihres Landes eine Katastrophe. Zu Hunderttausenden fielen sie den

Sklavenhändlern in die Hände. Die Farbigen wurden wie Vieh gefangen, zusammengekettet in Hafenstädte getrieben und auf Schiffe verladen. Die meisten von ihnen wurden in die Neue Welt gebracht, wo sie als Sklaven auf großen Plantagen bis an ihr Lebensende schuften mußten.

Einer der ersten, der sein Leben im Kampf gegen den Sklavenhandel einsetzte und gleichzeitig Land und Leute gründlich erforschte, war *David Livingstone*. Er stammte aus Schottland, wo er im Jahr 1813 geboren wurde. In einer Baumwollspinnerei arbeitete er vierzehn Stunden täglich, um das Geld für sein Studium zu verdienen. Abends saß er über seinen Büchern und lernte für seine Ausbildung in Medizin und Theologie. Nach Abschluß seines Studiums ging er als Missionar und Arzt nach Afrika. Dort wollte er den Farbigen helfen und das Christentum verbreiten.

Wie wollte Livingstone den Afrikanern helfen?

Vor etwa 200 Jahren setzte sich allmählich die Erkenntnis durch, daß die Sklavenhalterei ein großes Unrecht ist. In England war der Handel mit Sklaven schon 1807 für ungesetzlich erklärt worden. Trotzdem: Als Livingstone etwa 1841 in *Südafrika* eintraf, sah er Unmengen aneinander geketteter Sklaven, die gerade abtransportiert wurden.

Sechzehn Jahre war Livingstone auf seiner ersten Reise in Afrika unterwegs. Er durchquerte den Kontinent von Ost nach West auf der Suche nach neuen Handelswegen. Nach seiner Ansicht konnte der Sklavenhandel durch gute Handelsmöglichkeiten für die einheimischen Erzeugnisse Afrikas unterbunden werden. Inzwischen war es nämlich längst üblich, daß sich die Stämme gegenseitig überfielen und die Gefangenen an Sklavenhändler verkauften.

Als Livingstone (kleines Bild) 1841 in Südafrika eintraf, sah er Sklaven, die auf ihren Abtransport warteten.

Livingstone kämpfte sich durch Halbwüsten und Urwälder. Er folgte dem Lauf des *Sambesi*, dem größten Strom Südafrikas. Dabei entdeckte er einen riesigen Wasserfall, den er nach der englischen Königin benannte. Die *Victoriafälle* sind eineinhalb Kilometer breit, das Wasser stürzt 120 Meter in die Tiefe. Schon von weitem ist eine riesige Gischtwolke zu sehen und das Rauschen des herabstürzenden Wassers zu hören. Die Eingeborenen nennen den Wasserfall deshalb „donnernden Rauch". Im Jahr 1856 kehrte Livingstone als umjubelter Afrikaforscher nach England zurück.

War Livingstones zweite Reise ein Erfolg?

Schon zwei Jahre später brach Livingstone zu seiner zweiten Reise auf. Diesmal war er im Auftrag der Regierung unterwegs, nachdem er den Vertrag mit einer Missionsgesellschaft gekündigt hatte. Nicht Missionar, sondern Forscher wollte er sein. Auf dieser Expedition stieß Livingstone auf den *Njassasee*, den heutigen *Malawisee*. Er untersuchte das Gebiet um den fast 600 Kilometer langen, aber nur 80 Kilometer breiten See sorgfältig. Dann meldete er nach England, die Gegend sei fruchtbar und angenehm, man

Livingstone folgte dem Lauf des Sambesi und entdeckte einen riesigen Wasserfall, den er nach der englischen Königin Victoria benannte.

Kleines Bild: Die Lage der Victoriafälle

könne hier Baumwolle anbauen. Auch die schwarzen Eingeborenen seien durchaus friedlich.

Die englische Regierung entsandte unverzüglich einen Bischof mit einigen Begleitern. Alle waren vollkommen unerfahren. Als ihnen ein Sklaventransport begegnete, wollten sie die Gefangenen befreien – ein mutiges, aber auch unvernünftiges Vorhaben. Die Sklavenhändler machten mit den Engländern kurzen Prozeß und brachten sie um. Die Ermordung des Bischofs hatte für Livingstone schlimme Folgen. Jede Unterstützung wurde ihm gestrichen. Zunächst versuchte er, sein Werk fortzusetzen. Doch nach einigen Jahren mußte er enttäuscht aufgeben. Im April 1864 kehrte er nach England zurück.

Wurde Livingstone von Sklavenhändlern gerettet?

Der berühmte Afrikaforscher glaubte, nie wieder einen Forschungsauftrag zu bekommen. Seine Erlebnisse und Erinnerungen faßte er in einem Buch zusammen. Dieser Bericht machte großen Eindruck in England, und schließlich wurde Livingstone mit der Durchführung einer weiteren Expedition beauftragt. Es sollte seine letzte werden.

Im Jahr 1866 brach er von der ostafrikanischen Küste ins Landesinnere auf. Die Gegend war fast menschenleer. Ein großer Teil der Bevölkerung war als Sklaven verkauft worden, andere waren aus Furcht vor den Sklavenhändlern geflohen. Die eingeschüchterten Träger Livingstones bekamen es nun mit der Angst zu tun und ließen den Forscher im Stich. Doch er hatte Glück: Ausgerechnet Sklavenhändler, die er sein ganzes Leben bekämpft hatte, fanden ihn und retteten ihm das Leben.

Henry Morton Stanley (eigentlicher Name: John Rowlands) wurde vom New York Herald ausgesandt, um Livingstone zu finden.

Aber Livingstone war im Inneren Afrikas verschollen. Seine Briefe gingen verloren oder wurden von den Sklavenhändlern abgefangen. Die Welt hielt ihn für tot; drei Jahre lang hatte man keine Nachricht von ihm erhalten. Einem amerikanischen Zeitungsverleger ließ das spurlose Verschwinden des Forschers keine Ruhe. Er schickte seinen besten Reporter nach Ostafrika, um das Schicksal Livingstones zu klären. *Henry Morton Stanley* war von seinem Auftrag überhaupt nicht begeistert. Nie zuvor war er in Afrika gewesen.

Jacob Wainwright, ein früherer Begleiter Livingstones, mit dem Sarg des Forschers auf dem Schiff nach England (nach einer alten Fotografie)

Wer fand die Quellen des Nils?

Im Januar 1871 kam Stanley in *Sansibar* an, einer kleinen Insel vor der ostafrikanischen Küste. Hier nahm er die Spur von Livingstone auf. Nachdem er erfahren hatte, daß der Engländer zum *Tanganjikasee* wollte, stellte er seine Expeditionstruppe zusammen. Im Oktober stieß Stanley endlich auf die ersten Hinweise. Eine Karawane berichtete, in *Udjidji* am Tanganjikasee sei ein Weißer eingetroffen: „Er ist alt und krank, und er hat weiße Haare im Gesicht." Das konnte nur Livingstone sein. Wenig später erreichte Stanley Udjidji. Und tatsächlich fand er dort Livingstone.

Zwischen beiden entwickelte sich eine Freundschaft. Gemeinsam durchkämmten sie ein Gebiet nördlich des Tanganjikasees nach den Quellen des Nils. Da es Livingstone gesundheitlich immer schlechterging, versuchte Stanley, ihn zur Rückkehr nach Europa zu überreden. Doch der berühmte Forscher lehnte ab. Stanley und Livingstone sahen sich im März 1872 zum letztenmal. Vierzehn Monate später starb David Livingstone an Malaria. Der Tote wurde nach England gebracht und dort begraben.

Henry Morton Stanley hatte seine Aufgabe erfüllt und war als berühmter Mann nach Amerika zurückgekehrt. Doch nun hatte ihn das „Afrikafieber" erfaßt. Er wollte weiterforschen und das Werk seines Freundes Livingstone vollenden. Sein Verleger rüstete im Jahr 1874 eine große Afrikaexpedition aus. Drei Jahre war Stanley auf dem schwarzen Erdteil unterwegs. Zu Fuß und mit Kanus erforschte er den Lauf des *Kongo*, des zweitlängsten afrikanischen Flusses. Und er klärte das jahrtausendealte Rätsel um den Ursprung des Nils, als er im Herzen des Kontinents dessen Quellfluß fand, den *Kagera*.

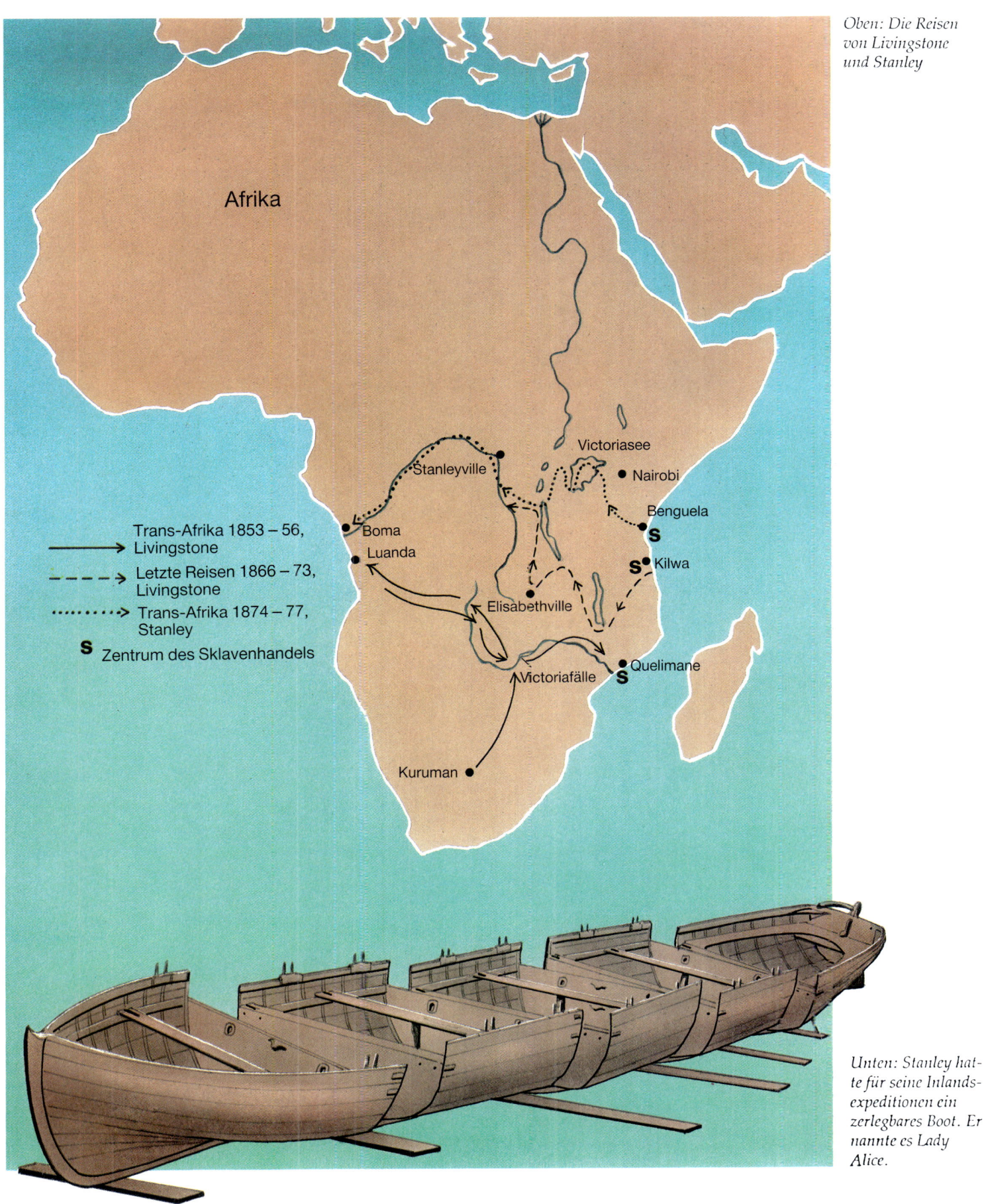

Oben: Die Reisen von Livingstone und Stanley

Unten: Stanley hatte für seine Inlandsexpeditionen ein zerlegbares Boot. Er nannte es Lady Alice.

Aufbruch ins ewige Eis

Ist es schwierig, an den Polen zu überleben?

Die Erforschung der Polargebiete war eine der größten Leistungen in der Entdeckungsgeschichte. Wir können uns kaum vorstellen, mit welcher Ausrüstung sich die Menschen früher in diese lebensfeindlichen Regionen vorwagten.

Heute tragen die Teilnehmer einer Expedition die wärmsten Stiefel, in denen die Füße auch bei 50 Grad unter Null noch nicht erfrieren, und dicke Daunenkleidung. Sie haben sogar Funkgeräte, mit denen sie Hilfe herbeirufen können, falls Gefahr droht. Es ist eigentlich kein Kunststück mehr, so ausgestattet am Südpol herumzuspazieren. Noch vor hundert Jahren war die Ausrüstung der Polarforscher viel schlechter. Viele bezahlten ihre Entdeckungen mit schweren Erfrierungen, manche auch mit dem Leben.

An den Polen kann man weder dauerhaft leben noch Handel treiben. Erst heute hat man mit modernen Meßgeräten festgestellt, daß im Südpolargebiet gewaltige Mengen an Bodenschätzen vorhanden sind. Was also suchten die Forscher im ewigen Eis? Viele von ihnen trieb anscheinend der Ehrgeiz und der Wunsch, in die Geschichte einzugehen, zu ihren waghalsigen Unternehmungen. Und in der Tat erinnern die Wettläufe zu den Polen manchmal an sportliche Kämpfe, bei denen es allerdings um Leben und Tod ging.

Ein Polarforscher zur Zeit der Jahrhundertwende. Er trägt Kleidung aus Wolle, Handschuhe aus Rentierfell und eine Holzrahmenbrille zum Schutz vor Schneeblindheit.

Robert McClure fand 1850 als erster die Nordwestpassage. Einen Teil des Weges mußte er mit dem Hundeschlitten zurücklegen.

Gibt es Seewege nördlich der Kontinente?

Gleichzeitig mit den großen Entdeckungen waren auch die Schiffahrtswege südlich der Kontinente bekannt geworden. Im Norden reichen jedoch die Landmassen viel weiter in das Polargebiet als im Süden. Deshalb war es nicht so einfach, diese Durchfahrten zu finden. Über mehrere Jahrhunderte suchten Seefahrer und Forscher nach ihnen. Man vermutete eine „Nordwestpassage", eine Durchfahrtsmöglichkeit vom Atlantischen zum Pazifischen Ozean nördlich des nordamerikanischen Kontinents. Und es galt bald als sicher, daß es auch eine Verbindung zwischen diesen beiden Ozeanen nördlich von Europa und Asien gab, die „Nordostpassage".

10 000 Pfund Sterling, eine für damalige Verhältnisse ungeheure Summe, hatte die englische Regierung als Belohnung für das Auffinden der Nordwestpassage ausgesetzt. Den Preis konnte im Jahr 1850 der Brite *Robert McClure* einstreichen: Er blieb zwar mit seinem Schiff im Packeis stecken, legte jedoch den Rest des Weges mit einem Hundeschlitten zurück. Erst dem Norweger *Roald Amundsen* gelang zwischen 1903 und 1906 mit einem eisengepanzerten Schiff die Durchfahrt.

Tatsächlich reicht nirgendwo das Land bis zum Nordpol. Trotzdem kann man von Durchfahrten nördlich der Kontinente kaum sprechen, denn das Meer ist hier nur für kurze Zeit im Hochsommer befahrbar.

Wer war der erste Mensch am Nordpol?

Viele Polarforscher versuchten, den nördlichsten Punkt unserer Erde zu erreichen. Zunächst glaubten sie, am Nordpol gäbe es Land. Nach vielen Beobachtungen wurde jedoch klar, daß sich dort nichts weiter befindet als eine riesige, auf dem Meer schwimmende Eisplatte. Und obwohl das vergangene Jahrhundert als das Zeitalter der Polarforscher gelten kann, wurde der Nordpol erst in unserem Jahrhundert erreicht.

Im Jahr 1856 wurde im amerikanischen Bundesstaat Pennsylvania *Robert Peary* (sprich: pieri) geboren. Seinen Beruf als Ingenieur bei der amerikanischen Kriegsmarine hing er an den Nagel, weil er Polarforscher werden wollte. Im Jahr 1886 unternahm er seine erste Fahrt ins ewige Eis. Viele Expeditionen folgten, und nicht immer gingen sie glücklich zu Ende: Auf einer seiner Forschungsreisen erfroren Peary die Zehen.

Im Jahre 1908 plante er seine letzte Expedition. Am 6. Juli verließ der Dampfer *Roosevelt* New York. Peary wollte in der Polarregion überwintern, um gleich am Frühlingsanfang weiter nach Norden aufzubrechen. Am 28. Februar 1909, noch in der Polarnacht, marschierten sie los. Peary hatte die Führung übernommen. Es begleiteten ihn sechs Weiße und siebzehn Eskimos. Sie hatten über hundert Schlittenhunde dabei. Es war sehr kalt. Das Thermometer sank auf 59 Grad unter Null.

Zunächst kamen sie kaum voran. Eine starke Strömung trieb das Eis, auf dem sich die Expedition nach Norden kämpfte, in südliche Richtung. Der Wind hatte das Eis zusammengepreßt und hohe Wälle aufgeworfen, über welche sie die Schlitten schleppten. Gefährliche Spalten im Eis mußten mühsam umgangen werden. Trotzdem schaffte es Peary diesmal: Am 6. April 1909 war der Nordpol erreicht. Peary hinterließ eine Urkunde und nahm das Gebiet für die USA in Besitz. Nach über zwanzigjähriger Polarforschung war sein Ehrgeiz befriedigt. Es zog ihn nie wieder in die Kälte.

6. April 1909: Robert Peary (kleines Bild) mit seinen Begleitern am Nordpol

Die Fram, das Schiff des norwegischen Polarforschers Fridtjof Nansen (kleines Bild), steckt im Eis.

Kann man sich auf dem Eis zum Nordpol treiben lassen?

Schon vor Peary hatten natürlich andere Forscher versucht, zum nördlichsten Punkt der Erde vorzudringen – zu Fuß oder mit dem Schiff. Besonderes Aufsehen erregte die Fahrt des Norwegers *Fridtjof Nansen* von 1893 bis 1896. Sein Gedanke war, den Nordpol mit dem Schiff zu erreichen. Nansens Plan war genial, aber auch gefährlich.

Das Eis über dem Nordpolarmeer liegt nicht immer an der gleichen Stelle. Der Wind, Meeresströmungen und vor allem die Erdumdrehung bewirken, daß sich die riesige Eismasse ganz langsam bewegt. Ständig taut an einer Seite Eis ab, während sich woanders neues Eis bildet. Diese Bewegung wird als Eisdrift bezeichnet. Nansen wollte sein Schiff im Eis einfrieren lassen und sich mit der Eisdrift zum Pol treiben lassen. Die *Fram* war ein besonders stabiles Schiff. Es wurde durch die Eismassen nicht einfach zerquetscht wie andere Schiffe, sondern emporgehoben. Die Idee war gut und richtig, trotzdem schlug der Plan fehl: Das Eis trieb Nansen weit am Pol vorbei.

Wer wollte im Ballon zum Pol fliegen?

Ein Fußmarsch durch die Eiswüste war lebensgefährlich, und mit dem Schiff konnte man den Nordpol auch nicht erreichen. Aber vielleicht kann man ganz einfach mit dem Ballon hinfliegen? Diese Idee wollte der Schwede *Salomon Andrée* in die Tat umsetzen. Mit zwei Begleitern brach er am 11. Juli des Jahres 1897 von *Spitzbergen* auf. Vier Tage später landete eine sei-

Salomon Andrée (kl. Bild rechts) versuchte mit seinen Freunden, Spitzbergen zu erreichen, nachdem sein Ballon vereist gesunken war. Auf ihrem Marsch ernährten sich die Männer von Eisbärenfleisch (kl. Bild links).

ner Brieftauben auf einem Walfängerschiff im Nordmeer. Es war das letzte Lebenszeichen der Polarforscher.

Die Jahre vergingen. Immer wieder brachten sich die drei Männer in Erinnerung, obwohl sie, wie wir heute wissen, längst tot waren. Eine Flaschenpost wird gefunden, dann wieder jahrelang nichts. 33 Jahre später, im Jahr 1930, konnte das Rätsel um die Verschollenen geklärt werden. Die Toten und ihr letztes Lager wurden auf einer einsamen Insel im Polarmeer entdeckt. Bis zuletzt hatten sie Tagebuchaufzeichnungen und Fotos gemacht, nach denen man ihr Schicksal rekonstruieren kann.

Der Ballon war schon wenige Tage nach dem Start zu Boden gegangen, denn auf seiner Hülle hatte sich eine Eisschicht gebildet. Die drei Männer machten sich auf den Weg zurück nach Spitzbergen. In ihren Tagebüchern finden sich dramatische Schilderungen der wochenlangen Wanderung. Sie erlegten Eisbären, um deren Fleisch zu essen. Tatsächlich erreichten sie schließlich Land. Dort legten sie Fleisch- und Holzvorräte an, um zu überwintern. Sogar ihr Kocher war noch funktionsfähig, als man Jahrzehnte später ihr letztes Lager fand.

Woran Andrée und seine beiden Begleiter gestorben sind, blieb noch für viele Jahre im dunkeln. Fest stand: Sie waren nicht verhungert und auch nicht erfroren. Erst ein Zufall deckte 1953 die wahre Todesursache auf. Sie hatten wurmverseuchtes Eisbärenfleisch gegessen. So brachten also die Bären, welche die drei Männer zunächst vor dem Hungertod retteten, auch den Tod.

Wer gewann den Wettlauf zum Südpol?

Nachdem der Nordpol erreicht worden war, wendeten sich die Forscher dem Südpol zu. Der Engländer *Robert Scott* hatte sich schon in den Jahren 1901 bis 1904 in der Antarktis aufgehalten. Zweimal überwinterte er dort und unternahm mehrere Schlittenreisen ins Landesinnere. Als Robert Peary im Jahr 1909 den Nordpol bezwang, kannte Scott nur noch ein Ziel. Er wollte der erste Mensch am südlichsten Punkt der Erde sein. Doch auch ein anderer rüstete zum Angriff auf den letzten weißen Fleck auf der Weltkarte: der berühmte norwegische Polarforscher und Bezwinger der Nordwestpassage *Roald Amundsen*. Ein dramatisches Wettrennen zum Südpol begann.

Zu Beginn des südpolaren Sommers, am 1. November 1911, machte sich Scott mit acht Begleitern, Ponys und Hundeschlitten auf den Weg in Richtung Pol. Schon bald nach dem Aufbruch verweigerten seine Motorschlitten in der eisigen Kälte den Dienst.

Da der Engländer mit den Hunden nur schlecht zurechtkam, schickte er sie bald zurück und verließ sich von da an nur auf die Ponys. Diese konnten zwar große Kälte aushalten, den Temperaturen der Antarktis waren sie aber nicht gewachsen. Eines nach dem anderen mußte erschossen werden. Schon einen Monat nach dem Start war es soweit: Die Männer zerrten ihre Schlitten selber über die unwegsame Eiswüste. Nur sehr langsam ging es vorwärts.

Sie waren die Rivalen am Südpol: Robert Falcon Scott (links) und Roald Amundsen (rechts).

Amundsen hatte sich schon ein paar Tage vor den Engländern auf den Weg gemacht. Im Gegensatz zu den Engländern konnte er gut mit den Schlittenhunden umgehen. Die Tiere waren der Kälte sowieso besser gewachsen. Zudem nahm Hundefutter weniger Platz weg als jene Heubündel, die Scott als Verpflegung für seine Ponys mitschleppte. Amundsen kam sehr schnell voran. Während Scott noch weit vom Pol entfernt war, erreichten ihn die Norweger am 14. Dezember 1911.

Wie endete die Expedition von Scott? Genau einen Monat später stellte Robert Scott bei einer Messung fest, daß sein Trupp nur noch etwa fünfzig Kilometer bis zum Pol zurückzulegen hatte. Alle schöpften neue Hoffnung. „Wenn nur die Norweger den Pol nicht vor uns erreicht haben", war ihr Gedanke. Sie näherten sich dem Pol und hielten angestrengt Ausschau nach einem Zeichen, und hofften gleichzeitig, es nicht zu finden. Doch – da war sie, die Fahne der Norweger! In diesem Augenblick wußten sie, daß alle Mühen umsonst gewesen waren.

Am 19. Januar 1912 machten sie sich auf den Rückweg. 1500 Kilometer lagen vor ihnen. Der Mißerfolg deprimierte alle. Sie fühlten sich schwach und müde. Einem Teilnehmer erfroren die Hände, ein anderer verletzte sich am Bein. Ein Schneesturm stoppte ihren Marsch endgültig.

Auch Scott hatte jetzt schwere Erfrierungen an den Beinen. Die Enttäuschung lähmte den letzten Lebenswillen der Engländer. Einer nach dem anderen starb. Innerhalb weniger Tage waren Scott und seine Begleiter von Eis und Schnee besiegt.

Amundsen war mit der Fram, dem Schiff Nansens, Richtung Süden gesegelt. Diese drei Gegenstände aus der Ausrüstung der Fram nahm er mit auf seine weitere Reise zum Südpol: die Schiffsglocke, einen Sextanten und eine Filmkamera (von oben nach unten).

Als Scott den Südpol erreichte, stand dort schon ein Zelt, an dem die norwegische Fahne wehte. Amundsen hatte den Pol vor Scott erreicht und ihm einen Schlitten, Ausrüstungsgegenstände und einen Brief zurückgelassen.

1961 trat der Antarktis-Vertrag in Kraft, in dem die Beitrittsstaaten auf Gebietsansprüche verzichteten. Vorher hatten sieben Staaten (siehe Fahnen) solche Ansprüche erhoben (siehe dazu die Karte). 1991 schlossen die Mitgliedsstaaten ein Zusatzabkommen, das den Abbau von Bodenschätzen in der Antarktis auf 50 Jahre untersagt.

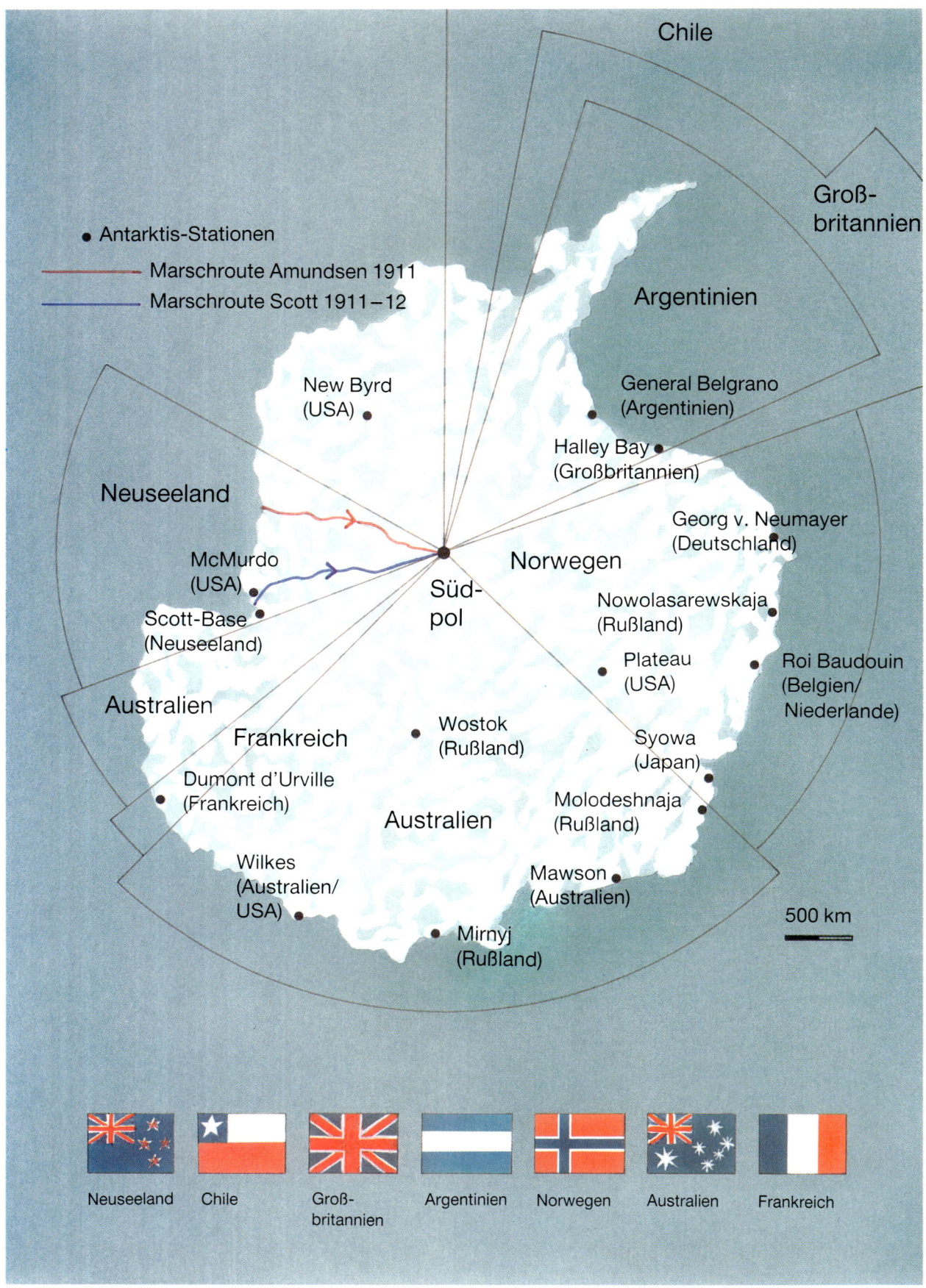

Entdeckungen von heute und morgen

Ist die Welt schon ganz entdeckt?
Wir haben viel über die großen Leistungen der Entdecker erfahren. Es scheint, als habe der Mensch die Welt bis in den letzten Winkel erforscht. Alle Länder und Inseln sind gefunden worden, alle Berge sind bestiegen, und auch fast jeder andere Punkt der Erde ist schon einmal erreicht worden. Aber stimmt es wirklich, daß alles entdeckt ist?

Es sind noch viele Rätsel zu lösen. Von manchen versunkenen Städten weiß man nur, daß es sie in alter Zeit gab, aber nicht, wo genau sie lagen. Niemand kann mit Sicherheit behaupten, alle Tierarten, die es auf der Erde gibt, seien schon erforscht. Immer wieder werden weitere unbekannte Lebewesen entdeckt. So findet man in den Mägen erlegter Wale zuweilen Reste von gewaltigen Tintenfischen. Diese Riesenkalmare hat aber noch niemand lebend gesehen.

Kennen wir die Tiefen der Ozeane?
Wer in einen Atlas schaut, bekommt den Eindruck, alle Meere seien schon genau vermessen. Das stimmt nicht. Nur an besonders wichtigen Punkten haben Wissenschaftler die exakte Meerestiefe ermittelt, viele Angaben über die Tiefe der Ozeane beruhen nur auf Schätzungen. Wie es wirklich auf dem Meeresgrund aussieht, weiß niemand. Nur küstennahe Meere sind gut erforscht.

Über zehn Kilometer tief sind die Ozeane an manchen Stellen. Welche Lebewesen können sich in diesen Tiefen behaupten, in ewiger Kälte und Finsternis? Wie halten sie den enormen Wasserdruck aus? Wie leben sie, und wie vermehren sie sich? Tiefseeforscher, die mit ihren Tauchbooten diese geheimnisvolle Welt

Ein Taucher wird im sogenannten Jim-Suit auf den Meeresgrund hinabgelassen. Dieser roboterähnliche Anzug ermöglicht ein Tauchen bis zur Tiefe von 600 Metern.

erkundeten, sahen die erstaunlichsten Dinge. In der Dunkelheit schwammen buntschillernde Fische, deren Farben niemals ein anderes Lebewesen sehen würde.

Manche Meerestiere verfügen über Leuchtorgane. Sind es kleine Lampen, mit denen sie sich am Grund des Ozeans orientieren können? Das Meer birgt einige der letzten großen Rätsel, die es auf unserer Erde gibt.

Gibt es woanders bewohnte Planeten?

In den vergangenen Jahrzehnten hat sich der Mensch angeschickt, die unendlichen Weiten des Alls zu erforschen. Mit Raketen schießt er immer neue Satelliten in den Weltraum, um ferne Himmelskörper zu erkunden. Schon vor über zwanzig Jahren landeten amerikanische Raumfahrer auf dem Mond und spazierten auf ihm herum.

Das Weltall ist so riesig, daß die Menschen es sicher nie ganz erforschen werden.

Das Weltall ist aber so riesengroß, daß man es wohl nie ganz kennen wird. Unsere Erde ist nur ein winziger Punkt in einer riesigen, spiralförmigen Wolke, die aus unzähligen Sternen besteht. „Spiralnebel" wie die Milchstraße sind aber Tausende im Weltall vorhanden. Man kann sich durchaus vorstellen, daß es auf einem dieser unendlich vielen Planeten Lebewesen gibt. Ob sich diese mit uns verständigen könnten, ob sie uns ähnlich oder dem Menschen weit überlegen wären, werden wir wohl nie erfahren.

Was können wir zu Hause entdecken? Vier französische Jungen machten im Jahr 1940 eine aufregende Entdeckung. Einer von ihnen, *Marcel Ravidat*, war mit seinem Hund unterwegs. Plötzlich stürzte das Tier in ein Loch zwischen den Wurzeln eines umgestürzten Baumes. Zunächst hoffte der Junge, daß sich sein Hund wieder von allein befreien würde. Aber vier Tage später kletterte er zusammen mit drei Freunden durch die Öffnung, um dem Hund zu helfen. Nur langsam gewöhnten sich ihre Augen an die Dunkelheit in der Höhle. Dann entdeckten sie im fahlen Licht ihrer Lampe, daß die Wände mit fremdartigen Gemälden versehen waren. Die vier Jungen hatten die am besten erhaltenen Höhlenmalereien aus der Steinzeit gefunden. Heute ist die Höhle von *Lascaux* (sprich: Lasko) in Südfrankreich weltberühmt für diese Zeugnisse aus der Frühgeschichte der Menschheit.

Sicherlich haben die vier Jungen ihre großartige Entdeckung rein zufällig gemacht. Aber wer weiß, ob nicht noch andere Schätze auf ihre Finder warten? Und wer mit offenen Augen durch das Leben geht, kann auf jeder Wiese, im Wald oder am Meer verblüffende Dinge beobachten – und vielleicht auch etwas entdecken!

Höhlenmalereien aus der Steinzeit in der Höhle von Lascaux

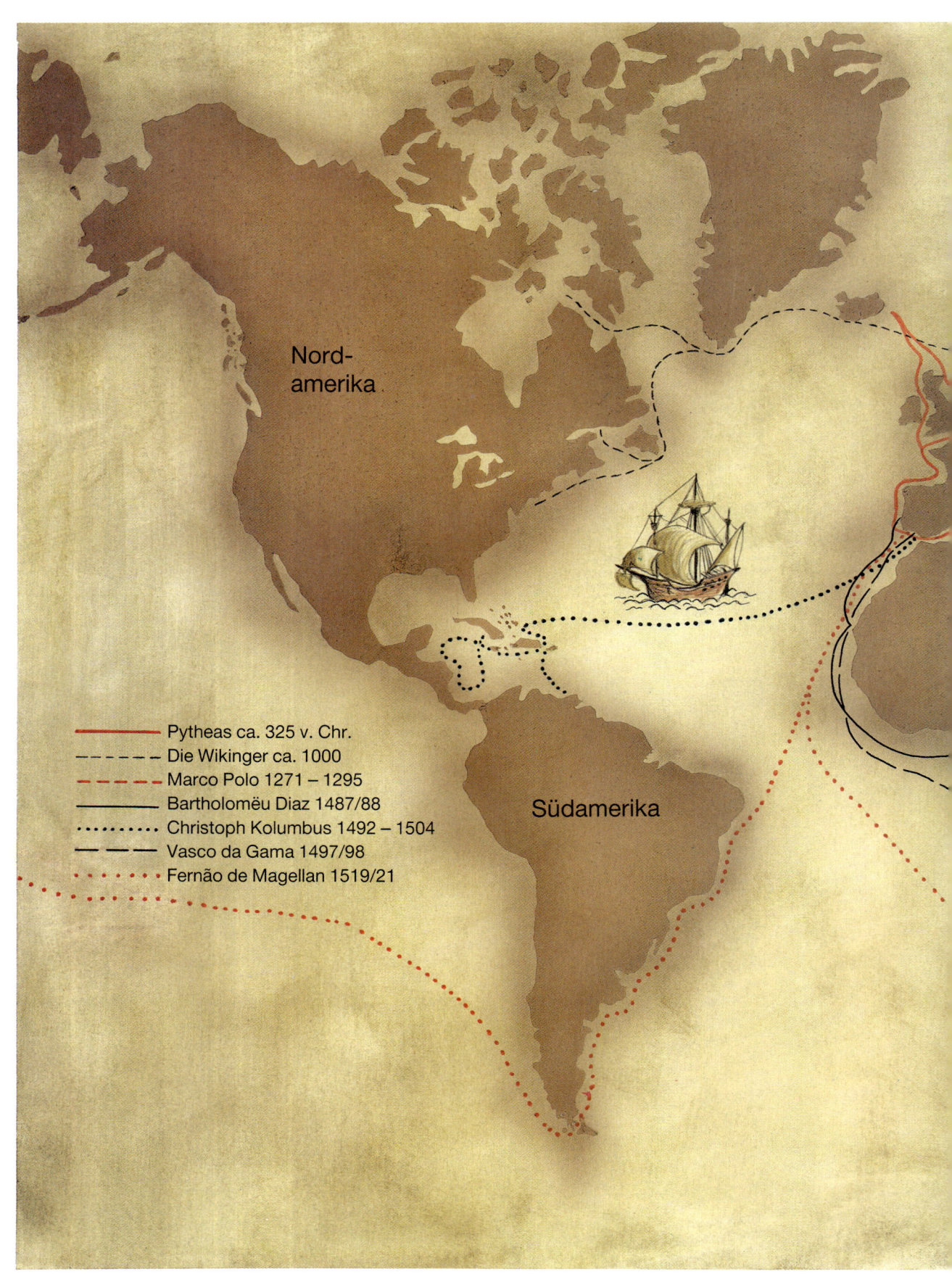

Fahrtrouten von Entdeckern, die in diesem Buch vorgestellt wurden

Register

Aden 15, 39
Afrika 11, 13, 17 ff., 25, 38 f., 41, 49 ff., 64, 70 f., 89
Ägypten 11, 14 ff., 23 ff., 39
Akko 37
Alaska 10, 67
Alexander der Große 23 ff.
Alexandria 11 f.
Allah 38
Alter spanischer Treck 68
Amerika 9, 11, 13, 26, 29 f., 32, 47 f., 56, 69, 74
Amundsen, Roald 77, 81 ff.
Anden 70
Andrée, Salomon 79 f.
Angra dos Voltas 50
Antarktis 81, 84
Antarktis-Vertrag 84
Antimon 15
Antipoden 26
Arabien 15, 25
Aralsee 39
Argentinien 84
Armenien 25
Asien 11, 23, 25, 33, 38 f., 44, 55 f., 67, 77, 89
Assam 39
Assuan 15, 39
Astrolabium 42
Aswaldsson, Thorwald 27 f.
Atahualpa 70
Atlantischer Ozean 43, 64, 66, 77
Australien 11, 55, 61 f. 64, 67, 84, 89
Azteken 69

Babylonien 25
Bagdad 37, 39
Balboa, Vasco Núñez de 54 ff.
Balch 37
Bambus 44
Basra 39
Benguela 75
Beringstraße 10
Boma 75
Brasilien 56
Britannien 20 f.

Cambaluc 37
Cambay 37
Cão, Diego 49
Cebu 61
Ceylon 36, 39
Chaban 37
Chile 84
China 33 f., 37, 39 ff.
Chinesische Mauer 35
Chronometer 42
Colombo 37
Cook, James 61 ff.
Cortez, Hernando 69

da Gama, Vasco 50 ff., 88
Dänemark 27
Daressalam 15
Deir-el-Bahri 16
Delhi 39
Deutschland 55
Diaz, Bartholomëu 49 f., 70, 88
Drachenboot 26
Dschunken 36
Dumont d'Urville 84

Elisabethville 75
Endeavour 62 f.
England 62, 64, 72 ff.
Eratosthenes 11 ff.
Erik der Rote 28 f.
Eriksson, Leif 30, 32
Erzerum 37
Euphrat 24, 39
Europa 11, 39, 47 f., 61, 66, 68, 74, 77, 89

Fes 39
Feuerland 58 f.
Florenz 48
Fort Bridger 68
Fort Vancouver 68
Fram 79, 82
Frankreich 84

Geldschein 35
General Belgrano 84
Genua 43
Georg-v.-Neumayer-Station 84
Germanien 21
Geronimo 69
Golf von Guinea 19
Granada 39
Grönland 28 ff., 32
Großbritannien 84

Guanahani 46

Haiti 54
Halley Bay 84
Hangtschou 35
Hanno 18 f.
Harrison-Kendall-Chronometer 66
Hatschepsut 15 f.
Hawaii 65 ff.
Heinrich der Seefahrer 48
Hekataios 11
Helluland 30
Herjulfson, Bjarni 29 f.
Herodot 13, 17 f.
Himalaja 23 f.
Hindukusch 23, 25
Hinterindien 33
Hipparch 42
Hispaniola 47
Höhlenmalerei 87
Homer 11
Hormuz 37

Ibn Battuta 38 ff.
Independence 68
Indianer 48, 54, 69 f.
Indien 8 f., 12 f., 24, 39 ff., 44, 46 ff., 52 f.
Indischer Ozean 13, 25, 39, 52 f.
Indus 23 f.
Inka 70
Irland 27
Isabella I. 44
Islam 38
Island 27 ff.

Jakobsstab 42
Japan 46
Jarkend 37
Jim-Suit 85

Kaaba 38
Kadi 40
Kagera 74
Kairo 39
Kaletsch 37
Kalifornien-Treck 68
Kalikut 37, 39, 50, 52
Kamerunberg 19
Kanarische Inseln 44
Känguruh 62
Kansas City 68

Kap Bojador 48 f.
Kap Cross 49
Kap der Guten Hoffnung 49 ff., 64
Kap der Stürme 50
Kap Hoorn 62, 64
Karavelle 47
Karl V. 56
Karthago 18 ff.
Kaspisches Meer 25, 39
Kilwa 75
Knemhotep 15
Kolumbien 54
Kolumbus, Christoph 8 f., 26, 42 ff., 53, 56, 69, 88
Kompaß 42
Kongo 74
Konstantinopel 37
Krakau 37
Krates 11
Kublai-Khan 33 ff., 37
Kulua 39
Kuruman 75

Lady Alice 75
Lascaux 87
Latakia 39
Leif der Gute 29 f.
Libanon 11, 18
Lissabon 43, 49
Livingstone, David 71 ff.
Los Angeles 68
Luanda 75
Luther, Martin 26

Madeira 43
Magellan, Fernão de 55 ff., 61 f., 66, 88
Magellanstraße 58 f.
Makedonien 23, 25
Malawisee 72
Malediven 39
Malindi 50 ff.
Markland 30
Marokko 40
Marseille 20
Maskat 37
Massilia 20 f.
Mawson 84
McClure, Robert 77
McMurdo 84
Medina 39
Mekka 38 f.
Mexico-City 70

Milchstraße 87
Mirnyj 84
Mohammed 38
Molodeshnaja 84
Molukken 36, 40, 58, 61
Mombasa 39
Mond 86
Mongolen 33 f.
Myrrhen 16

Naher Osten 11, 48
Nairobi 75
Nanking 37
Nansen, Fridtjof 79, 82
Naos 57
Navigation 41 f., 48, 61
Nearchos 24
Necho 17 f.
Neuholland 62
Neuseeland 61, 65, 67, 84
New Byrd 84
New York Herald 73
Nil 15, 24, 74
Niña 44 f., 47
Njassasee 72
Nootkusund 67
Nordamerika 10, 88
Nordmeer 80
Nordostpassage 77
Nordpol 22, 77 ff., 81
Nordpolarmeer 79
Nordwestpassage 77, 81
Norwegen 21, 27, 29, 84
Nowolasarewskaja 84

Oktant 42
Oregon-Treck 68
Ostafrika 10, 73

Pagan 37
Papiergeld 34
Papst Alexander IV. 53
Parkinson, Sydney 66
Patagonien 58 f.
Patagonier 68

Pazifischer Ozean 54 f., 60, 62, 66, 77
Peary, Robert 78, 81
Peking 37, 39
Pergamon 11
Perser 23
Persien 36, 39
Persischer Golf 23 f.
Philippinen 40, 58, 61
Phöniker 13, 18
Pinta 8, 44 f.
Pizarro, Francisco 70
Plateau 84
Polargebiet 76 f.
Polarkreis 21 f.
Polarsommer 21 f.
Polarwinter 22
Polo, Maffeo 33 f.
Polo, Marco 33 ff., 88
Polo, Nicolo 33 f.
Portugal 43 f., 48 f., 51, 53, 56, 61
Prinz Heinrich 48
Ptolemäus 12 f.
Punt 15 f.
Pytheas 20 f., 23, 88

Quadrant 42
Qualata 39
Queen Victoria 72
Quelimane 75
Quilon 37
Quinsai 35, 37

Ravidat, Marcel 87
Rio de Janeiro 56
Rio de la Plata 56
Rio do Iffante 50
Roi Baudouin 84
Römisches Reich 26
Rowlands, John 73
Ruderquadrant 30
Runen 32
Runenschrift 30

Sahara 11
Samarkand 39
Sambesi 15, 72
San Antonio 58
San Francisco 68
San Salvador 9, 44
Santa Fe 68
Santa Maria 44 f., 47
Santa-Fe-Treck 68
Santiago 58
Scaphium 13
Schwarzes Meer 25, 39
Schweden 27
Scott, Robert Falcon 81 ff.
Scott-Base 84
Serai 39
Sextant 42, 82
Sibirien 10, 67
Simbabwe 15
Skandinavien 27
Sklavenhandel 75
Sklavenhändler 71, 73
Skorbut 51, 62
Skorpion 54
Spanien 46, 49, 53, 56, 58, 60 f., 70
Spitzbergen 79 f.
Stanley, Henry Morton 73 ff.
Stanleyville 75
Steinzeit 10, 87
Stiller Ozean 55, 58
Stundenglas 42
Sturmzone, tropische 52
Südafrika 71
Südamerika 10, 88
Südpol 76, 81 ff.
Südsee 55, 61, 66
Südwestmonsun 52
Sumatra 39
Syowa 84

Tahiti 62 ff., 67
Takedda 39

Tana 37
Tanganjikasee 74
Tanger 38 ff.
Tasman, Abel 61 f.
Tasmanien 61, 65, 67
Tasmanier 68
Tenochtitlán 70
Theben 15
Thule 21
Tibet 33
Tigris 24, 39
Tonga 67
Toscanelli, Paolo 41, 43
Triana, Rodrigo de 8
Trinidad 57 f.
Tschangtschun 37
Tun-huang 37
Tunesien 18
Tunis 39

Udjidji 74
Urmenschen 9 f., 14

Venedig 33, 36 f.
Vertrag von Tordesillas 53
Vespucci, Amerigo 48, 56
Victoriafälle 72, 75
Victoriasee 72, 75
Vinland 32
Vittoria 58

Wainwright, Jacob 74
Waldseemüller, Martin 48
Westindische Inseln 45, 47
Wikinger 26 ff., 88
Wilkes 84
Wostok 84

Yazi 37

Zai-tum 37, 39
Zenit 11
Zofar 39

FRAG MICH WAS

Die neue Sachbuchgeneration

 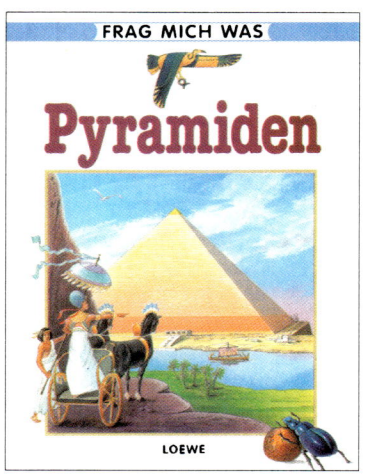 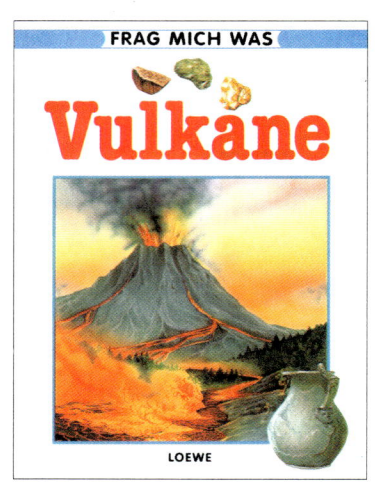

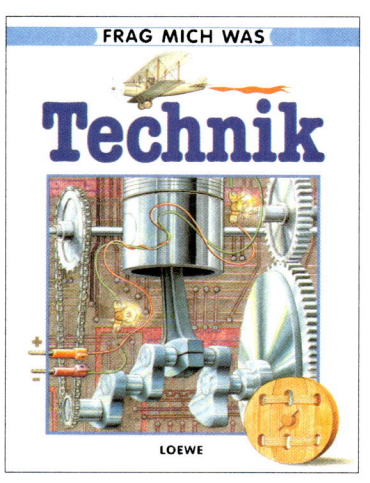 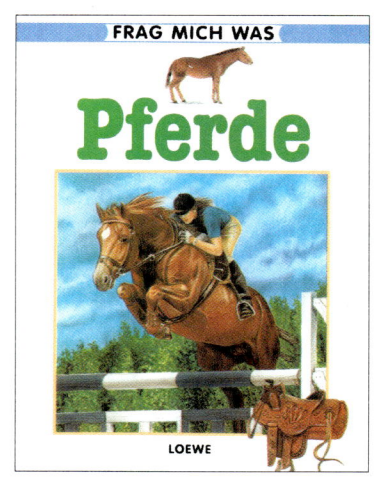 

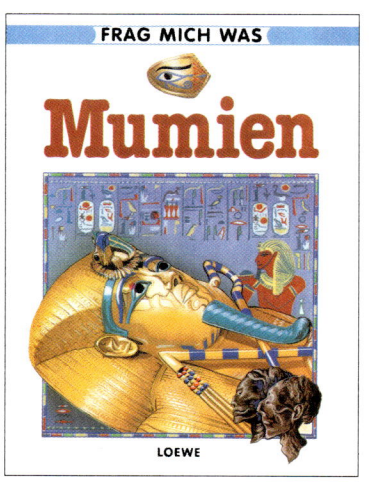  

FRAG MICH WAS

Bücher, die Antwort geben

Loewe